rüffer & rub visionär

Hans R. Herren

SO ER-
NÄHREN
WIR DIE
WELT

Der Autor und der Verlag bedanken sich für
die großzügige Unterstützung bei

Elisabeth Jenny-Stiftung

Zweite Auflage Herbst 2021
Schrift: Filo Pro
Druck und Bindung: Books on Demand GmbH, Norderstedt
Papier: Cremeweiß, 90 g/m²

ISBN 978-3-906304-05-2

Vorwort

2. Dezember 2015, Genf. Im voll besetzten »Auditorium Ivan Pictet« hat sich ein hochrangiges Publikum versammelt, um die aktuellen Preisträger des Alternativen Nobelpreises zu ehren. Selten stimmt die Adresse eines Ortes so unmissverständlich mit den Inhalten der Veranstaltung überein wie an diesem Abend: »Maison de la Paix«. Deutschlands Umweltministerin Barbara Hendriks und UN-Generaldirektor Michael Møller eröffnen den Anlass, der unter dem Titel steht: »On the Frontlines and in the Courtrooms: Forging Human Security.«

In der darauf folgenden Diskussion der vier Preisträger von 2015 fällt auf einmal die Aussage, die mich elektrisiert: »Die UN wurde nach dem Zweiten Weltkrieg gegründet, um nachfolgende Generationen vor der Geisel des Kriegs zu bewahren. Seither hat es über 170 Konflikte gegeben – und ihr habt die Möglichkeit einer Abschaffung von Kriegen nie diskutiert? Come on, guys, das ist doch unglaublich!« Verlegenes Gelächter und ungläubiges Staunen im Publikum, doch Dr. Gino Strada, Gründer der internationalen Hilfsorganisation »Emergency«, weiß nur zu gut, wovon er spricht: Seit den frühen 1990er-Jahren baut er Kliniken in Kriegsregionen und kümmert sich um die zivilen Opfer – 10 % sind Kämpfer der verschiedenen Kriegsparteien, 90 % Zivilisten. Er beendete sein Statement mit der Feststellung: »Nennt mich ruhig einen Utopisten, denn alles ist eine Utopie, bis jemand seine Idee in die Tat umsetzt.«

Einer der wohl meistzitierten Sätze der letzten Jahrzehnte lautet: »I have a dream.« Nicht nur Martin Luther King hatte einen Traum – viele Menschen träumen von einer gerechteren Welt für alle. Und es sind einige darunter – mehr als wir wissen und noch lange nicht genug –, die ihren Traum mit Engagement, Herz und Verstand realisieren. Es sind Pioniere in ihren Bereichen, man mag sie – wie Gino Strada, Martin Luther King, Mutter Teresa oder Jody Williams – durchaus Utopisten nennen. Doch: Jede große Errungenschaft begann mit einer Idee, einer Hoffnung, einer Vision.

Den Funken einer Idee, einer Hoffnung, einer Vision weiterzutragen und damit ein Feuer des persönlichen Engagements zu entzünden, das ist die Absicht, die wir mit unserer neuen Reihe – wir nennen sie »rüffer&rub visionär« – verfolgen. Im Mittelpunkt steht die persönliche Auseinandersetzung der Autoren mit ihrem jeweiligen Thema. In packenden Worten berichten sie, wie sie auf die wissenschaftliche, kulturelle oder gesellschaftliche Frage aufmerksam geworden sind und was sie dazu veranlasste, sich der Suche nach fundierten Antworten und nachhaltigen Lösungen zu verpflichten. Es sind engagierte Texte, die darlegen, was es heißt, eine persönliche Verpflichtung zu entwickeln und zu leben. Ob es sich um politische, gesellschaftliche, wissenschaftliche oder spirituelle Visionen handelt – allen Autoren gemeinsam ist die Sehnsucht nach einer besseren Welt und die Bereitschaft, sich mit aller Kraft dafür zu engagieren.

So vielfältig ihre Themen und Aktivitäten auch sein mögen – ihr Handeln geschieht aus der tiefen Überzeugung, dass eine bessere Zukunft auf einem gesunden Planeten für alle möglich ist. Und: Wir sind davon überzeugt, dass jeder von uns durch eigenes Handeln ein Teil der Lösung werden kann.

Anne Rüffer, Verlegerin

Eine Welt ohne
Hunger und Elend

Meine Vision von einem nachhaltigen Ernährungssystem für die Welt hat eine Geschichte und beginnt auf dem Land: Ich bin ein Bauernbub, mein Vater war Gutsverwalter auf der Domaine des Barges im Unterwallis, einem Landwirtschaftsbetrieb im Besitz der Aargauer Tabakdynastie Burger Söhne. Auf 40 Hektar wurden hier Tabak, Kartoffeln und Weizen angebaut.

Am eigenen Leib erlebte ich, was intensive Landwirtschaft damals bedeutete: Gegen die Raupen der Motten und Nachtfalter, die sich an den Tabakblättern gütlich taten, sowie gegen eine eingeschleppte Pilzkrankheit, wurden hochgiftige Insektizide und Fungizide verspritzt. Sie vernichteten neben den Schadinsekten und Pilzen auch Nützlinge wie Bienen. Für mich war das normal. Zwar dachte ich schon damals gelegentlich, das viele Gift sei für Mensch und Natur vermutlich nicht sehr bekömmlich, aber wir kannten nichts anderes. Und für die moderne Landwirtschaft schien eine solche chemische Behandlung notwendig.

An der Walliser Landwirtschaftsschule Châteauneuf lernte ich später zwei Winter und einen Sommer lang alles, was ein Bauer vom Obst- und Weinbau bis zur Tierhaltung wissen musste – nämlich dass der Einsatz von Agrochemikalien ein Erfolgsgarant für gute Ernten und ein besseres Leben sei.

Danach absolvierte ich auf dem zweiten Bildungsweg die Matura und begann 1969 ein Studium an der Eidgenössischen Technischen Hochschule (ETH) in Zürich, wo ich den Diplomlehrgang Agraringenieur mit Hauptfach Pflanzenschutz und

Nebenfach Pflanzenzüchtung wählte. Auch hier bedeutete Pflanzenschutz fast ausschließlich, chemische Mittel gegen schädliche Insekten, Unkräuter und Pilzbefall einzusetzen.

Es war die Zeit der »Grünen Revolution«, womit die in den 1960er-Jahren begonnene Entwicklung moderner landwirtschaftlicher Hochleistungs- bzw. Hochertragssorten und deren erfolgreiche Verbreitung in Entwicklungsländern bezeichnet wird. Als junger ETH-Student war ich von den Ertragssteigerungen, die mit Hochleistungssorten und massivem Einsatz von Agrochemikalien erzielt wurden, tief beeindruckt. Aber ich begann auch, diese Art der Landwirtschaft kritisch zu hinterfragen.

Meine Dissertation machte ich bei Vittorio Delucchi, Professor für Entomologie (Insektenkunde). Er war in der Schweiz ein Pionier der Idee, in der Landwirtschaft gegen schädliche Insekten keine Insektizide, sondern natürliche Feinde einzusetzen. Dass es gegen jeden Schädling in der Natur immer auch den passenden Nützling gibt, war den Insektenforschern zwar schon lange bekannt, die nützlichen Insekten zu finden, für den Einsatz in der Agrarwirtschaft in großer Zahl zu züchten und mit einer geeigneten Methode auf dem Feld freizusetzen, schien der herkömmlichen Agrarwirtschaft jedoch zu kompliziert und zu aufwändig. Und dies, obwohl der Beweis längst erbracht war, dass die Methode funktionierte.

Vittorio Delucchi öffnete mir die Tür zur Forschungsgruppe von Robert van den Bosch an der University of California in Berkeley, dem Mekka der Insektenkunde und der biologischen Schädlingsbekämpfung. Am Internationalen Institut für Tropische Landwirtschaft (IITA) in Ibadan, Nigeria, konnte ich ab 1979 das erworbene Wissen für die biologische Bekämpfung der Schmierlaus, einem gefürchteten Maniokschädling, erstmals anwenden.[1]

Ich blieb 27 Jahre in Afrika und in der biologischen Schädlingsbekämpfung tätig. Die Erfahrung und das erworbene Wissen
brachten mich zur Einsicht, dass die Landwirtschaft, ja, das
ganze Ernährungssystem der Erde grundlegend gewandelt werden müssen.

Das Ziel ist hochgesteckt: Eine Welt ohne Hunger und
Elend, in der alle Menschen gleiche Rechte genießen, in Frie-
den miteinander und im Einklang mit der Natur leben. Die
Grenzen, die unser Planet setzt, werden respektiert, Gewalt und
Krieg geächtet. Die Bedürfnisse der kommenden Generationen
stehen zuoberst auf der politischen Agenda, die natürlichen
Lebensgrundlagen werden für sie regeneriert und bewahrt. Die
Energieversorgung basiert zu 100% auf erneuerbaren Energie-
trägern.

Dem Ernährungssystem kommt in dieser Vision eine
Schlüsselrolle zu.

1. Hunger im Überfluss

Jeder neunte Mensch geht abends hungrig ins Bett. Laut dem Rapport der Ernährungs- und Landwirtschaftsorganisation der Vereinten Nationen FAO zur Nahrungsmittelsicherheit aus dem Jahr 2015 sind weltweit 795 Millionen Menschen – knapp 11 % der Erdbevölkerung – unterernährt. Das sind zwar 216 Millionen weniger als zu Beginn der 1990er-Jahre,[2] doch das Ziel des Welternährungsgipfels von 1996, die absolute Zahl der Hungernden von 1990 bis 2015 zu halbieren, das heißt, um gut eine halbe Milliarde zu senken, wurde damit deutlich verfehlt.

Jedes siebte Kind unter fünf Jahren ist untergewichtig. Unterernährung ist mit ursächlich für den Tod von 3,1 Millionen Kindern unter fünf Jahren pro Jahr – mehr als 45 % aller Sterbefälle in dieser Altersklasse.[3] Am stärksten vom Hunger betroffen ist Afrika südlich der Sahara, wo derzeit rund 23 % der Bevölkerung unterernährt sind; in der Karibik sind es knapp 20 %.[4]

Zwei Milliarden Menschen nehmen im Essen zwar genug Energie und Proteine auf, sind aber nicht ausreichend mit Vitaminen und essenziellen Mineralstoffen wie Jod und Eisen versorgt. Eine Ursache dafür ist die verminderte Ernährungsvielfalt, weil Grundnahrungsmittel in Monokulturen angebaut werden und manche nährstoffreiche Pflanzen im lokalen Ernährungssystem fehlen. In den reichen Ländern sind die Menschen oft ebenfalls fehlernährt, weil sie verarbeitete Nahrungsmittel verzehren, die viele Kalorien und viel Fett, aber wenig Mikronährstoffe enthalten.

Hunger ist das größte Gesundheitsrisiko weltweit. Doch auch das Gegenteil ist ungesund: Weltweit sind 1,4 Milliarden erwachsene Menschen übergewichtig, davon gar 500 Millionen fettleibig.[5] Übergewicht ist eine der Hauptursachen für Diabetes, Bluthochdruck, Schlaganfälle und etliche Krebsarten. 1980 war ein Viertel aller erwachsenen Menschen davon betroffen, 2008 waren es bereits mehr als ein Drittel – zunehmend auch in Entwicklungsländern. Insgesamt isst heute etwa jeder zweite Mensch zu wenig, zu viel oder das Falsche.[6]

Für manche Länder des Südens ist Hunger ein schwer zu überwindendes Entwicklungshindernis: Wo die Menschen nicht ausreichend ernährt sind, bleibt die Arbeitsproduktivität gering, und hungrige Kinder verpassen einen Großteil der schulischen Ausbildung, zudem fallen erhebliche Krankheitskosten an. Eine in mehreren afrikanischen Ländern durchgeführte Studie bezifferte die Kosten des Hungers auf zwischen 2 und 16 % des Bruttosozialprodukts der betreffenden Länder.[7]

Ein Nahrungssystem, das einerseits zu viel und andererseits zu wenig gesunde und zugängliche Nahrung auf den Tisch bringt, kann kein Modell für die Zukunft sein. Ein vertiefter Blick auf die nachstehenden Problemstellungen zeigt, was das angestrebte Ziel des Welternährungsgipfels – den Hunger auszurotten – bisher verunmöglicht.

Verschwendung

Derzeit produzieren die Bäuerinnen und Bauern dieser Welt genug, um mehr als 14 Milliarden Menschen zu ernähren – das heißt, doppelt so viel, wie gegenwärtig benötigt wird. Doch davon landet nur ein Teil in den Mägen der Konsumenten. Gemäß einer Anfang 2013 publizierten Studie der britischen Institution of Mechanical Engineers gehen 30 bis 50 % der für den menschlichen Verzehr bestimmten Nahrungsmittel verloren.[8]

In den Entwicklungsländern sind ungenügende Lagerungs-, Verarbeitungs- und Transportkapazitäten die Hauptgründe für die Nahrungsmittelverluste.

Anders in den Industrieländern: In der Schweiz fallen 45 % der Verluste in den Haushalten an.[9] Sonderangebote verleiten dazu, mehr zu kaufen, als verzehrt werden kann. Und die Verfallsdaten sind so festgelegt, dass in der Küche oft noch einwandfreie Nahrungsmittel ausgemustert werden.

Derzeit wird weltweit ein Drittel der Lebensmittel nicht verzehrt, was hohe wirtschaftliche Verluste verursacht (jährlich etwa 940 Milliarden US-Dollar) und 8 % aller Treibhausgasemissionen ausmacht. Eine Studie von Porter, Reay, Higgins und Bomberg der Universität Edinburgh bestätigt, dass Nahrungsmittelverluste und -verschwendung jährlich 2,2 Gigatonnen CO_2-Äquivalente verursachen. Das sind 323 kg CO_2 pro Person, und dreimal mehr als noch vor 50 Jahren.

Champions 12.3, eine Koalition aus über 36 Unternehmens- und Regierungsvertretern sowie Personen aus der Zivilgesellschaft, zieht mit einem Bericht Bilanz zu den Fortschritten im Kampf gegen »Food Waste and Loss« als Teil der im Herbst 2015 verabschiedeten Nachhaltigkeitsziele (SDGs). Zwar würde die Staatengemeinschaft bereits viele Anstrengungen unternehmen, Ziel 12.3. zu erreichen. Diese genügen laut dem Bericht jedoch nicht, die derzeitigen Missstände in der Produktions- und Lieferkette bis hin zum Endverbraucher zu beheben.

Die Behebung von Lebensmittelverlusten und -verschwendung, betont der Bericht, würde sich dreifach auszahlen: durch eine verbesserte Ernährungssicherheit, Kosteneinsparungen in der gesamten Wertschöpfungskette sowie durch Ressourcen- und Klimaschonung. Alle Beteiligten müssten nun zügig aktiv werden, sich auf konkrete Reduktionsziele einigen, Fortschritte regelmäßig messen und ohne Wenn und Aber handeln. Teilweise gibt es schon gute Vorbilder: Italien und Frankreich haben dieses Jahr ein Gesetz gegen Lebensmittelverschwendung verabschiedet: Anstatt essbare Lebensmittel zu entsorgen, können Supermärkte diese nun spenden. Auch die USA kündigte an, Lebensmittelverluste bis 2030 halbieren zu wollen.

Bedenklich sei derzeit, dass lediglich einige Regionen und größere Konzerne Bemühungen zur Erreichung des Ziels 12.3 unternehmen würden. Auch bei der Fortschrittsmessung bedarf es vielerorts noch der Verbesserung. Es fehle an professionellen Systemen und Methoden, Bestandsdaten ordentlich zu erfassen und so Problembereiche zu identifizieren, zeigt der Bericht. Fazit: Um das SDG-Unterziel 12.3 bis 2030 zu erreichen, müsse jedes Land, jede Stadt, jedes Unternehmen und vor allem jeder Erdenbürger verstärkten Einsatz im Kampf gegen Nahrungsmittelverschwendung und -verluste zeigen.[10]

Zu viel Fleisch

Eine andere Form der Nahrungsmittelverschwendung ist der hohe Fleischkonsum. Eine Kalorie aus tierischer Produktion erfordert zwei bis sieben pflanzliche Kalorien für Futtermittel.

Der Fleischverbrauch hat sich in den letzten 50 Jahren weltweit vervierfacht.[11] Derzeit liegt er bei jährlich 32 kg pro Kopf der Erdbevölkerung.[12] In der Schweiz sind es 51,[13] in Deutschland 60[14] und in Frankreich 86 kg.[15] Während der Konsum in den Industrieländern stagniert oder gar leicht zurückgeht, nimmt er in Schwellenländern teils rasant zu.

Die Fleischproduktion erfolgt mehr und mehr industriell in Massentierhaltungssystemen. Die Haltungsform erfordert den Einsatz großer Mengen von Antibiotika. Weltweit gehen 70% des Antibiotikaverbrauchs auf das Konto der landwirtschaftlichen Tierhaltung.[16] Der exzessive Antibiotikaeinsatz begünstigt die Entwicklung von Resistenzen. In Europa sterben schätzungsweise 25 000 Menschen pro Jahr an Infektionen durch antibiotikaresistente Erreger.[17]

Hinsichtlich der Ressourceneffizienz ist ein gewisser Anteil an tierischen Produkten an der menschlichen Ernährung durchaus sinnvoll. Etwa zwei Drittel der globalen Agrarfläche sind nur als Gras- und Weideland[18] nutzbar. Wiederkäuer, die Gras fressen, sind keine Nahrungsmittelkonkurrenten für Menschen, sie liefern zudem Dünger. Und Hühner und Schweine können Nahrungsmittelabfälle und Nebenprodukte verwerten – eine gute Sau frisst alles.

Doch viele Nutztiere werden vorwiegend mit Getreide und anderen Ackerfrüchten gefüttert: Ein Drittel der Weltgetreideproduktion geht heute in die Ställe.[19] Ein Großteil der Futtermittel für die Fleischproduktion in den Industrieländern wird zudem importiert. Die so »ausgelagerte« Ackerfläche der EU umfasst 35 Millionen Hektar.[20] Das entspricht mehr als einem Drittel der gesamten Ackerfläche der EU,[21] die den Entwicklungsländern für den Anbau von Nahrungsmitteln für die eigene Bevölkerung verloren geht.

Die treibende Kraft für die Fehlentwicklungen in der Tierhaltung ist der ökonomische Druck, möglichst viel und möglichst rationell Fleisch zu produzieren. Für uns in den reichen Industrieländern wird Fleisch damit spottbillig, für eine wachsende Mittelschicht in den Entwicklungsländern erschwinglich, die Armen hingegen gehen leer aus. Sie können sich weiterhin kein Fleisch leisten, und die Nutztiere fressen ihnen die pflanzliche Nahrung weg. Nach einer Berechnung des UN-Umweltprogramms UNEP könnten die Kalorien, die bei der Umwandlung von pflanzlichen in tierische Nahrungsmittel verloren gehen, 3,5 Milliarden Menschen satt machen.[22]

Zu arm für eine ausreichende Ernährung

Mehr als eine Milliarde Menschen leben in extremer Armut: Sie müssen mit weniger als 1,25 US-Dollar pro Tag auskommen.[23] Arme Familien in Entwicklungsländern geben 50 bis 80 % ihres Einkommens fürs Essen aus;[24] schon eine geringfügige Erhöhung der Nahrungsmittelpreise kann für sie existenzielle Not bedeuten.

Das war zum Beispiel in den Jahren 2007 und 2008 der Fall. Damals führten wetterbedingte Ernteausfälle, die gesteigerte Nachfrage nach nachwachsenden Rohstoffen und Fleisch sowie Spekulationsfieber zu einem Preissprung bei den Grundnahrungsmitteln. Allein von Juli 2007 bis Juli 2008 erhöhte sich der von der FAO berechnete Preisindex um 52 %.[25] Die unmittelbare Folge: Die Zahl der unterernährten Menschen stieg um 70 bis 100 Millionen an. In manchen betroffenen Ländern kam es zu Hungerrevolten, in Haiti führten diese gar zum Sturz der Regierung.

Das scheinbare Paradox: Nahrung ist zu billig

Dennoch sind nicht zu hohe Nahrungsmittelpreise das eigentliche Problem, im Gegenteil: Nahrung ist zu billig. Um dieses scheinbare Paradox zu erklären, muss man ein wenig ausholen.

Möglichst viel, möglichst billig und mit möglichst geringem Arbeitseinsatz zu produzieren, lautet die Devise der industriellen Landwirtschaft. Dieser reduktionistische, auf Maximalerträge fixierte Ansatz bedingt die maschinelle Produktion in Monokulturen, auf denen Hochertragssorten mit exzessivem Einsatz von Mineraldünger, Pestiziden und Wasser gepusht werden. Dies wiederum bedeutet die Ausbeutung von nicht erneuerbaren natürlichen Ressourcen.

Abbildung 1 | »Wir erreichen planetare Grenzen.« Vier von neun planetaren Grenzen sind durch den Einfluss des Menschen bereits überschritten: Klimawandel, Biodiversität, Landnutzung und biogeochemische Kreisläufe

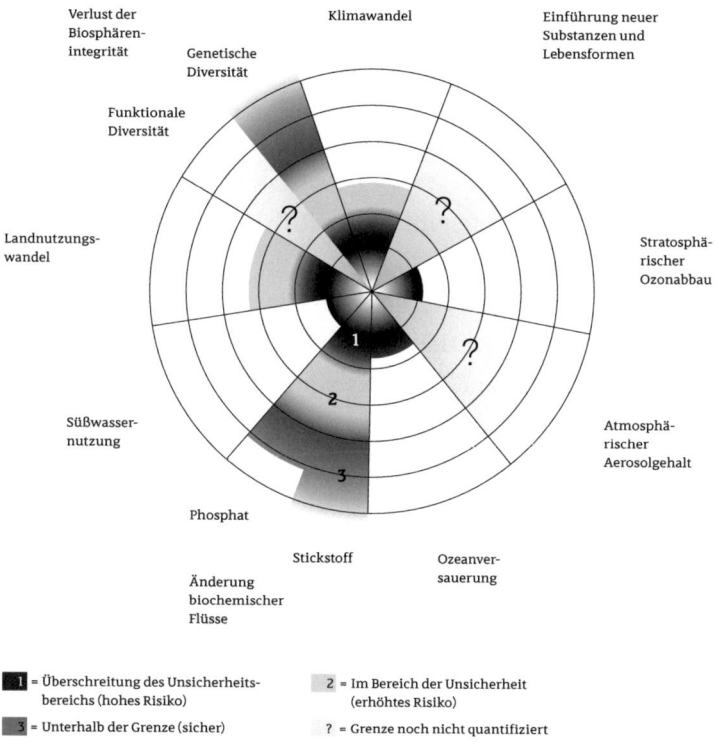

Verlust der Biosphären-integrität

Genetische Diversität

Klimawandel

Einführung neuer Substanzen und Lebensformen

Funktionale Diversität

Landnutzungs-wandel

Stratosphä-rischer Ozonabbau

Süßwasser-nutzung

Atmosphä-rischer Aerosolgehalt

Phosphat

Stickstoff

Ozeanver-sauerung

Änderung biochemischer Flüsse

1 = Überschreitung des Unsicherheits-bereichs (hohes Risiko)

2 = Im Bereich der Unsicherheit (erhöhtes Risiko)

3 = Unterhalb der Grenze (sicher)

? = Grenze noch nicht quantifiziert

Rein quantitativ war dieser Ansatz in der Vergangenheit durchaus erfolgreich. Obschon sich die Weltbevölkerung in dieser Zeitspanne mehr als verdoppelte, wurde 2011 pro Kopf annähernd 30% mehr Getreide produziert als 1961;[26] im Gegenzug zu den steigenden Erträgen sanken die Preise. Gemäß Bundesamt für Statistik gibt ein Durchschnittshaushalt in der Schweiz heute bloß noch 6,4% des Bruttoeinkommens für Nahrungsmittel und alkoholfreie Getränke aus,[27] in Deutschland sind es 10,5%.[28]

Doch von den neuen Agrartechniken profitierte nur eine Minderheit der Bäuerinnen und Bauern, die sich die landwirtschaftlichen Hilfsmittel leisten konnten. Für weitaus die meisten Kleinbetriebe der Entwicklungsländer ist eine Produktion, die einen hohen Input teurer Hochertragssorten und Agrochemikalien erfordert, kein anwendbares Modell, um die Produktion zu steigern und der Armut zu entfliehen.

Derweilen verhökern Länder des reichen Nordens ihre Überschüsse im Süden mithilfe milliardenschwerer Exportsubventionen. Dort konkurrenzieren die Importgüter die lokale Landwirtschaft. Die Folge ist, dass heute über 70% aller Hungernden auf dem Land leben.[29] Als Kleinbäuerinnen und -bauern, Landarbeiter und Landlose sind sie direkt von der Landwirtschaft abhängig. Sorgt günstige Witterung für gute Ernten, werden sie zwar satt, doch mit den über den Eigenbedarf hinaus produzierten Nahrungsmitteln verdienen sie wenig bis nichts. In schlechten Jahren ernten sie zu wenig, um sich ausreichend ernähren zu können. Und für den Kauf von Nahrungsmitteln fehlt ihnen das Geld. Als letzten Ausweg wählen sie die Abwanderung in die Städte, landen meist in den Elendsvierteln, wo sie auf Gedeih und Verderb auf Esswaren angewiesen sind, die aus billigen, subventionierten Importen aus dem reichen Norden verfügbar sind und die zugleich den einheimischen Bäuerinnen und Bauern kein Auskommen ermöglichen.

Verschärft wird das Problem durch die einseitig auf eine exportorientierte Landwirtschaft ausgerichtete Agrarpolitik mancher Länder Asiens, Afrikas und Lateinamerikas. Die Produktion für den Inlandbedarf wird vernachlässigt, und für eine gesunde Ernährung wichtige traditionelle Kulturpflanzen werden nicht mehr angebaut. Lateinamerika produziert heute dreimal mehr Nahrung, als konsumiert wird;[30] dennoch sind 34 Millionen Menschen dieses Kontinents unterernährt.[31]

Inzwischen sind rund zwei Drittel der Entwicklungsländer Nettoimporteure von Nahrungsmitteln[32] oder sind gar von der Nahrungshilfe aus dem Norden abhängig. So trägt das fehlentwickelte globale Ernährungssystem dazu bei, dass sich die Schere zwischen Arm und Reich immer weiter auftut – auf internationaler wie auch auf nationaler Ebene. Was wiederum das Hungerproblem perpetuiert – ein Teufelskreis. Um ihm zu entkommen, sind reduktionistische Lösungen, wie sie die industrielle Landwirtschaft anbietet, untauglich, ja kontraproduktiv. Es braucht ganzheitliche Ansätze zur Bekämpfung der Armut, durch eine auf dieses Ziel ausgerichtete Entwicklungs-, Handels-, Sozial- und Steuerpolitik, und dies sowohl auf internationaler Ebene wie in den einzelnen Ländern. Ein nachhaltiges Ernährungssystem, wie es mir vorschwebt, kann dazu einen wesentlichen Beitrag leisten.

2. Bedrohte Ressourcen

Agrarland degradiert

Bis 2050 wird die Weltbevölkerung von gegenwärtig rund 7,4[33] auf über 9 Milliarden anwachsen. Das größte Wachstum ist in Afrika südlich der Sahara zu erwarten, der am stärksten vom Hunger betroffenen Weltregion. Hier wird sich die Zahl der Menschen ungefähr verdoppeln.[34] Derweilen schrumpfen die Ressourcen der Landwirtschaft. Derzeit stehen für sie weltweit etwa 5 Milliarden Hektar Land zur Verfügung: 1,5 Milliarden Hektar Ackerland und Dauerkulturen sowie 3,5 Milliarden Hektar Gras- und Weideland.[35]

Eine Ausdehnung der Agrarfläche ist nur noch begrenzt möglich und geht zulasten von Wald- und Feuchtgebieten. Weltweit erfolgen 60% der Waldrodungen durch die Landwirtschaft.[36] Von den heute genutzten Agrarflächen sind ein Drittel durch Erosion, Versalzung, Verdichtung, Versauerung und Schadstoffbelastung mehr oder weniger stark degradiert.[37] Jedes Jahr gehen 10 Millionen Hektar wegen unangepasster Nutzung durch Erosion verloren.[38] Das ist fast zehnmal mehr als die landwirtschaftliche Nutzfläche der Schweiz. Und auch in den Entwicklungsländern verschlingen die wachsenden Siedlungen immer mehr Agrarland. Hier wie dort werden vielfach die besten Landwirtschaftsböden überbaut.

Land Grabbing

Der Kampf um die knappe Ressource »Boden« ist bereits im Gang. Reiche Ölstaaten, Schwellenländer wie China und Südkorea, zunehmend aber auch Finanzfonds aus dem Norden kaufen Land in Entwicklungsländern oder pachten es langfristig. Die auf dieses Thema spezialisierte Nichtregierungsorganisation Grain listete im Oktober 2009 bereits 140 Hedge Fonds, Private Equity Groups und andere Finanzagenturen auf, die solche Investitionen tätigen.[39] Auf riesigen Flächen werden in Monokulturen Nahrungs- und Futtermittel oder Agrotreibstoffe für den Export angebaut – auch in Ländern, in denen Teile der Bevölkerung an Unterernährung leiden. Gemäß Schätzungen der Weltbank hat beispielsweise der Sudan zwischen 2004 und 2009 annähernd 4 Millionen Hektar Land – ungefähr die Landesfläche der Schweiz – an ausländische Investoren verpachtet oder verkauft.[40] Die Organisation Landmatrix registriert sämtliche Landkauf- und Pachtgeschäfte. Ihr zufolge umfassen diese derzeit weltweit mehr als 44 Millionen Hektar.[41]

Wassermangel

Rund 20% der Ackerflächen der Welt werden heute bewässert. Auf ihnen gedeihen 40% aller Nahrungsmittel.[42] Enorme Investitionen in Bewässerungsanlagen waren ab 1950 ein wichtiger Faktor der Ertragssteigerung. Bis 1990 hat sich die bewässerte Landfläche nahezu verdreifacht. Zurzeit gehen 70% des globalen Süßwasserverbrauchs auf das Konto der Landwirtschaft.[43]

Wasser wird zunehmend eine knappe Ressource der Nahrungsmittelproduktion. 1,6 Milliarden Menschen leben in Gebieten, in denen Wasserknappheit herrscht.[44] In verschiedenen Regionen Asiens und Afrikas ist die Übernutzung der Wasservorkommen zum Problem geworden, die Grundwasserspiegel sinken rapid. Alarmierende Ausmaße angenommen hat der Wassermangel auch in den industriellen Getreideanbaugebieten des Mittleren Westens in den USA.[45]

Schwindende Biodiversität

Brüchig geworden ist auch die biologische Basis für unsere Ernährung. Mehr als 10 000 Nahrungspflanzen hat die Menschheit über die Jahrtausende hinweg genutzt, heute sind es lediglich noch um die 150, und die wenigen noch angebauten
Nahrungspflanzen gleichen sich immer mehr. 12 Arten steu-
ern 80 % zur pflanzlichen Nahrungsmittelproduktion bei.[46]

Der enorme Sortenreichtum, den die Bäuerinnen und
Bauern durch Anbau und Zucht unter unterschiedlichsten Bedingungen hervorgebracht haben, schrumpfte parallel zum
Siegeszug weniger weltweit verwendeter Hochertragssorten.
Allein die Kartoffel, das viertwichtigste Grundnahrungsmittel,
könnte in Zukunft eine viel größere Rolle bei der Bekämpfung
des Hungers in der Welt spielen. Schon vor 8000 Jahren wurde
die Kartoffel von den Ureinwohnern Südamerikas in den pe-
ruanisch-bolivianischen Anden um den Titicacasee in Höhen
bis zu 4300 m kultiviert. Neben den Wildarten sind in Süd- und
Mittelamerika mehr als 3000 traditionelle Kartoffelsorten bekannt,[47] die unbedingt geschützt werden müssen, denn: Schätzungsweise 75 % aller Nutzpflanzensorten sind bereits von den
Äckern der Erde verschwunden.[48]

Ebenfalls rasant schrumpft die biologische Basis der Tierhaltung. Seit 1900 sind weltweit rund 1000 Nutztierrassen für
immer verschwunden[49] – darunter beispielsweise die Frutiger
Kuh, die Freiburger Kuh, das Frutiger Schaf oder das Galloway
Pony. Gemäß Angaben der Welternährungsorganisation FAO
sind weltweit 1458 Nutztierrassen wie das brasilianische Pan-
tanerio-Rind oder das ungarische Mangalica-Schwein, auch
Wollschwein genannt, vom Aussterben bedroht, das sind etwa
17 % aller Nutztierrassen.[50] Ursache der Entwicklung sind wahl-
lose Kreuzungen, der Einsatz nicht heimischer Tierarten, der
Rückgang traditioneller Produktionsformen sowie die Ver-

nachlässigung von Rassen, die nicht als leistungsfähig genug gelten. Wo nur noch auf maximale Produktion gesetzt wird, gehen wertvolle Merkmale verloren – wie zum Beispiel die Eigenschaft, Hitze oder Kälte zu ertragen, mit wenig Wasser oder minderwertigem Futter auszukommen.

Die Ernährungssicherheit hängt aber nicht allein von den Nutzpflanzen und -tieren ab. Um in die Kulturpflanzen neue Eigenschaften einzukreuzen, greift die Zucht auch auf deren wilde Verwandte zurück. Das tat man zum Beispiel bei der Hirse. Ein Krankheitserreger namens Gerstengelbverzwergungsvirus kann bei ihr massive Schäden anrichten. Bekämpfen lässt es sich nur durch rechtzeitiges Abtöten der Überträger mit Insektiziden. Das könnte sich bald ändern. Züchtungsforscher haben in der wildlebenden Gerstenart (*Hordeum bulbosum*), die im Mittelmeerraum und in Mittelasien verbreitet ist, ein Resistenz-Gen gegen das Virus gefunden. Dieses wurde durch Einkreuzung in die Kulturgerste *Hordeum vulgare* übertragen. Das Ergebnis ist eine neue Sorte, die dem Krankheitserreger Paroli bietet.[51]

Hordeum bulbosum ist eine CWR. Die Abkürzung steht für »crop wild relative«, wie im Fachjargon Wildpflanzen heißen, die mit Kulturpflanzen nahe genug verwandt sind, um mit ihnen Gene austauschen zu können. Sie besitzen damit ein hohes Potenzial für die Zucht neuer Sorten.

Es gibt mehr CWRs, als man denkt. 83 % der Schweizer Flora können als solche bezeichnet werden, ergab eine Studie. 143 Arten wurden aufgrund ihres Nutzungspotenzials auf eine prioritäre CWR-Liste gesetzt.[52]

Das Genreservoir erodiert. Derzeit sterben jährlich 10 000 bis 25 000 Tier- und Pflanzenarten aus.[53] Dass Arten verschwinden, gehört zum Lauf der Evolution, doch die derzeitige Aussterbensrate ist etwa tausendmal höher als die natürliche.[54]

Die Landwirtschaft ist direkt oder indirekt – über die Zerstörung der Wälder – einer der wichtigsten Faktoren der Biodiversitätskrise.

Eine vielfältige Tierwelt ist auch eine Versicherung gegen Schädlingsprobleme. Schädlinge haben natürliche Gegenspieler – räuberische Insekten oder solche, die sie parasitieren. Doch der Artenschwund betrifft Nützlinge ebenso wie Schädlinge. 35 % der weltweit angebauten Nahrungspflanzen sind abhängig von bestäubenden Insekten.[55] Mehr als 100 000 Arten tun ihre Dienste als Erntehelfer in der Landwirtschaft. Ob sie diese Dienstleistung auch in Zukunft werden erbringen können, ist unsicher. Schwindende Lebensräume und sinkende Kulturvielfalt sowie Pestizide schwächen ihre Populationen.

Pestizide in der Umwelt

Neuere Studien zeigen, dass auf Feldern, auf denen Insektizide aus der Klasse der Neonicotinoide versprüht werden, 11 bis 24 % der Pollen und 17 bis 65 % des Nektars mit Rückständen dieses Insektengifts kontaminiert sind.[56] Diese Stoffe gefährden das Überleben der Bestäuber massiv.

Zu ähnlichen Ergebnissen kommt eine britische Studie: Daten zur Verbreitung von 62 Wildbienenarten wurden mit Angaben über den Einsatz von Neonicotinoiden in Rapskulturen abgeglichen, denn Rapsfelder sind attraktive Bienenweiden. Die Analyse ergab eine deutlich negative Wirkung der Pestizide auf die Wildbienenpopulationen.[57]

Durch Abdrift, Abfluss und Versickerung gelangen die Gifte in andere Lebensräume und schädigen die dortigen Lebensgemeinschaften. Eine Analyse von 838 Studien aus 73 Ländern ergab, dass mehr als die Hälfte aller gemessenen Werte von Insektizid-Rückständen in Gewässern über der Schadensschwelle für Wasserorganismen liegen.[58]

In der Schweiz fahndeten die kantonalen Gewässerschutzlabors in den Jahren 2005 bis 2012 in über 500 Gewässerabschnitten nach 203 Wirkstoffen, die in der Landwirtschaft als Insektizide im Einsatz sind. Von diesen wurden 80% nachgewiesen, die Hälfte davon mindestens einmal mit einem Gehalt von mehr als 0,1 µg/l,[59] dem Grenzwert gemäß Schweizerischer Gewässerschutzverordnung. Wobei zu bemerken ist, dass auch Gehalte unter dem Grenzwert angesichts der kumulierten Wirung unterschiedlicher Schadstoffe nicht a priori als unbedenklich betrachtet werden können.

Der Pestizideinsatz stellt zudem ein gesundheitliches Problem für die Landarbeiterinnen und -arbeiter dar. Die Weltgesundheitsorganisation WHO schätzt, dass sich jährlich zwischen zwei und fünf Millionen Fälle von Vergiftungen ereignen; davon enden 40 000 tödlich.[60] Ursache dafür sind hochgiftige Präparate, die in den meisten Industrieländern längst verboten sind, sowie die Tatsache, dass die Bäuerinnen und Bauern in den Entwicklungsländern nicht über die notwendigen Schutzkleider verfügen.

Auch die Konsumentinnen und Konsumenten sind betroffen. Diverse Studien bringen die Pestizidbelastung unserer Lebensmittel und der Umwelt in Verbindung mit chronischen Erkrankungen. Namentlich stehen Pestizide in Verdacht, an der Entstehung von Krebs, Alzheimer, Geburtsfehlern, Parkinson und Entwicklungsstörungen beteiligt zu sein.[61]

Das Umweltinstitut München untersuchte kürzlich 14 in Deutschland erhältliche Biersorten auf Glyphosat-Rückstände: Es wurde in allen Fällen fündig. Die gemessenen Werte lagen zwischen 0,46 und 29,7 µg/Liter,[62] der Grenzwert für Trinkwasser ist 0,1 µg/Liter.[63] Glyphosat steht im Verdacht, krebserregend zu sein. Der Ruf nach einem Verbot wird in Europa immer lauter. Das Monsanto Tribunal[64] in Den Haag zeigte im Oktober

2016 klar auf, dass der jahrzehntelange Einsatz von nachweislich schädlichen chemischen Agrochemieprodukten des Konzerns für massive Schäden an der menschlichen Gesundheit und an Ökosystemen verursacht. Zudem ist die Agrochemie in den Herstellungsprozessen (z.B. von Pestiziden und Düngemitteln) sowie durch die von diesem Ansatz forcierten Monokultur-Anbaumethoden für einen beträchtlichen Anteil an der Klimaerwärmung verantwortlich. Doch um Monsanto und den anderen Agrochemie-Konzernen, die weltweit mit ihren Geschäftsmodellen die Landwirtschaft prägen, ihre Basis zu entziehen, ist der vielversprechendste Weg der, eine agrarökologische Landwirtschaft weltweit zu fördern und durchzusetzen. Wenn der Ansatz, wie Nahrung produziert wird, nachhaltigen Prinzipien folgt, sind heute umstrittene, aber weiterhin in großen Mengen produzierte Gifte eines Tages gar nicht mehr nötig. Was neben der Vermeidung von Umweltschäden noch viele weitere Vorteile zum Nutzen der Allgemeinheit zur Folge hätte (z.B. im Bereich der Gesundheit und des Klimawandels).

Treibhausgase aus der Landwirtschaft

Auch beim Klimawandel gehört die industrielle Landwirtschaft zu den treibenden Kräften. 13 % der Treibhausgasemissionen gemessen in CO_2-Äquivalent verursacht sie direkt: Methan aus Mägen und Därmen von Wiederkäuern, Lachgas aus überdüngten Feldern, CO_2 durch die Verwendung fossiler Energieträger. Hinzu kommen 18 % infolge der Waldrodungen, die getätigt werden, um neues Agrarland zu gewinnen.[65] In den letzten 20 Jahren ist der Ausstoß von Treibhausgasen der Landwirtschaft jährlich um 1 % gewachsen.[66] Den mit Abstand größten Beitrag leistet die industrielle Tierhaltung.

Die Produktion von Mineraldünger und Agrochemikalien sowie der Betrieb von Landwirtschaftsmaschinen sind energieaufwändig. Die Landwirtschaft hängt deshalb stark von fossilen Energieträgern ab. Pro produzierte Nahrungskalorie werden bis zu zehn Kalorien Fremdenergie verbraucht.[67]

Auch die ökologischen Probleme, die uns die Landwirtschaft beschert hat, sind letztlich das Ergebnis eines reduktionistischen Ernährungssystems, das einzig und allein Maximalerträge möglichst billiger Nahrungsmittel anstrebt. Wobei Letztere nur für die Konsumentinnen und Konsumenten billig sind – denn die ausgelagerten ökologischen Kosten wie beispielsweise die Wasserverschmutzung mit Pestiziden, degradierte Böden, Verlust an Biodiversität und der Beitrag zum Klimawandel werden wir und unsere Nachkommen ebenfalls in irgendeiner Form bezahlen müssen.

Inzwischen stößt die Hochertragspolitik an biologische Grenzen. In den letzten Jahren hat sich die Zunahme der Hektarerträge in der Intensivlandwirtschaft verflacht. Zwischen 1950 und 2001 sanken die jährlichen Ertragssteigerungen weltweit von 3 auf 1 %.[68] In 24 bis 39 % der Anbaugebiete für Mais, Reis, Weizen und Soja stagnierten die Hektarerträge in letzter Zeit oder gingen gar zurück.[69] Pflanzen können ihre Kapazität, Nährstoffe aufzunehmen und in pflanzliche Substanz umzuwandeln, nicht beliebig erweitern. Es sollte ohnehin mehr um Qualität und Nährstoffgehalt gehen, als um immer mehr leere Kalorien, wie wir es von den Sorten der Grünen Revolution her kennen. Dies ist auch ein Teil des neuen Paradigmas, das im Weltagrarbericht von 2008 klar gefordert wurde.

Dieser Bericht wurde von 400 Wissenschaftlern aus der ganzen Welt über vier Jahre erstellt und kam zum klaren Schluss, dass wir die Welt nur nachhaltig ernähren können, wenn wir uns auf agrarökologische Methoden besinnen und mit der Natur und nicht gegen sie arbeiten. Es gab 58 Nationen, die den Bericht, der von der Weltbank und den Vereinten Nationen initiiert wurde, unterzeichneten – aber die Umsetzung der Vorschläge hat noch nirgends stattgefunden.

3. Risiken des Klimawandels

Auf der Erde wird es wärmer, das ist nicht mehr zu vermeiden
– selbst wenn es gelingen sollte, die Treibhausgasemissionen
rasch und deutlich zu senken. Extreme Klimaereignisse wie
Starkregen und Dürren werden zunehmen, der gesamte Was-
serhaushalt wird sich spürbar verändern, Schädlinge und
Krankheitserreger für Tiere und Pflanzen werden ihr Verbrei-
tungsgebiet verschieben. All dies stellt die Nahrungsmittelproduktion vor neue und schwierig zu bewältigende Herausforderungen.

Gemäß dem neusten Statusbericht des Intergovernmen-
tal Panel of Climate Change (IPCC) werden die Weizen-, Mais-
und Reiserträge in den tropischen und den gemäßigten Zonen
schon bei einer Temperaturerhöhung um 2°C gegenüber dem
Stand zu Beginn dieses Jahrhunderts höchstwahrscheinlich
sinken,[70] vor allem dort, wo die Niederschläge gleichzeitig sel-
tener werden.

Ohne Klimaschutzmaßnahmen würden sich laut IPCC die
globalen Temperaturen bis Ende des 21. Jahrhunderts um 4°C
erhöhen und die Meeresspiegel um 0,7 Meter ansteigen, jeweils
verglichen mit dem Stand der Jahre 1986–2005.[71] Es gibt indes-
sen bereits Hinweise, dass die IPCC-Prognose eher zu optimis-
tisch ist.

Die Schätzung der Temperaturzunahme basiert auf An-
nahmen über die Klimasensitivität der Erdatmosphäre: Wie
stark erwärmt sich diese bei einer Verdoppelung des CO_2-Ge-
halts? Eine Studie des britischen Apollo-Gaia-Projekts, das kli-

mabedingte Dynamiken untersucht, kommt aufgrund von Daten über die Reaktion der Atmosphäre auf veränderte CO_2-Gehalte in der Vergangenheit zum Schluss, dass die Klimasensitivität 2,5-mal höher ist, als der IPCC annimmt.[72] Trifft dies zu, ist ein deutlich rascherer und stärkerer Temperaturanstieg zu erwarten.

Fatale Auswirkungen für Afrika

Afrika bekommt den Klimawandel bereits heute schmerzlich zu spüren. Im Lauf des 20. Jahrhunderts sind die Temperaturen auf dem ganzen Kontinent um durchschnittlich ein halbes Grad gestiegen. Noch schneller erwärmte sich Ostafrika: Eine Untersuchung einzelner Datensätze von Messstationen in Kenia, Uganda, Ruanda und Burundi ergab einen Anstieg um 1,54 °C allein zwischen 1966 und 2006.[73]

Begleitet war diese Entwicklung von einer Zunahme klimatischer Extremereignisse. In den letzten 25 Jahren hat sich die Anzahl wetterbedingter Katastrophen wie Hochwasser und Dürren verdoppelt.[74] Somalia, Äthiopien, Kenia und Tansania wurden 2006 von gewaltigen Überschwemmungen heimgesucht.[75] 2011/12 kam es dann in ganz Ostafrika zur schlimmsten Dürre seit 60 Jahren.[76]

Gemäß IPCC-Schätzungen werden die Temperaturen in Afrika je nach Emissionsszenario bis 2100 um weitere 1,5 bis 4 °C steigen.[77] Die Erwärmung der Atmosphäre ist mit einer drastischen Veränderung der Niederschlagsverhältnisse verbunden. Modellsimulationen des Climate Service Center (CSC) prognostizieren eine Abnahme der winterlichen Regenfälle um 20% in Süd- und Nordafrika und eine Zunahme der Niederschläge über das ganze Jahr hinweg um fast 10% in Ostafrika.[78]

90% der landwirtschaftlichen Produktion Afrikas ist vom Regen abhängig und daher durch verminderte Niederschläge besonders gefährdet. Doch auch eine Zunahme kann problematisch sein, ist doch zu erwarten, dass diese vor allem in Form von mehr Starkregenfällen erfolgen wird. Diese wiederum werden zu Überschwemmungen und einer Vernichtung der Ernten führen.

Obschon an den Ursachen des Klimawandels kaum beteiligt, trägt Afrika die größte Last. Dies zeigt ein kürzlich publizierter Bericht der auf Risikoanalysen spezialisierten britischen Firma Maplecroft. Danach besteht für 32 Länder ein extrem hohes Risiko für massive Schäden infolge des Klimawandels. So gut wie alle befinden sich in Afrika und Südasien.[79]

Der IPCC hält es für wahrscheinlich, dass es schon in den Jahren 2030 bis 2040 zu hohen Produktionsausfällen infolge von Dürren und Starkniederschlägen kommen wird. Für die langfristige Entwicklung werden zwei Szenarien zugrunde gelegt: Im optimistischen Szenario gelingt es, die Emissionen rechtzeitig so weit zu vermindern, dass der Temperaturanstieg bis 2080 auf 2°C gegenüber dem Stand vor Beginn der Industrialisierung begrenzt bleibt – was das erklärte Ziel der internationalen Klimapolitik ist. Auch dann ist für Afrika mit sehr hohen Risiken für die Landwirtschaft zu rechnen, doch ließen sich diese mit Maßnahmen zur Anpassung an die neuen klimatischen Verhältnisse auf ein erträgliches Maß vermindern. Wachsen die Durchschnittstemperaturen hingegen – wie im zweiten Szenario unterstellt – um 4°C, werden die Folgen für die Landwirtschaft katastrophal sein. In diesem Fall werden auch Adaptionsmaßnahmen wenig bis nichts ausrichten können.[80]

4. Die Vision

Diversität statt Uniformität

Der Ansatz der industriellen Landwirtschaft ist nicht bloß reduktionistisch, weil er allein auf eine Maximierung der Erträge abzielt, sondern im Kern auch uniformistisch. Überall gilt dasselbe Standardmodell: Monokulturen und Großmästereien dominieren heute Agrarlandschaften rund um den Erdball, weltweit werden dieselben Hochertragssorten angebaut und die Felder mit denselben Agrochemikalien traktiert. Die Folge sind nicht bloß Umweltschäden und eine schleichende Zerstörung der Produktionsgrundlagen: Uniforme Systeme sind auch verletzlich und wenig resilient.

Diesem Modell stelle ich den agrarökologischen Ansatz der Diversität gegenüber. Darunter ist nicht nur die Arten- und Sortenvielfalt auf Betriebsebene zu verstehen, sondern auch eine Diversität der Anbausysteme. Agrarökologie ist kein einheitliches Konzept, der Begriff umfasst eine Vielfalt von landwirtschaftlichen Methoden, die an die jeweiligen lokalen Bedingungen angepasst sind und lokal weiterentwickelt werden. Gemeinsam ist diesen Systemen der Grundsatz der ökologischen, wirtschaftlichen und sozialen Nachhaltigkeit.

Die Landwirtschaft, die mir vorschwebt,

– strebt nicht den höchsten, sondern den nachhaltig möglichen Ertrag an. Sie ist multifunktional: Sie schont die Böden und Gewässer, regeneriert und erhält die natürliche Bodenfruchtbarkeit und fördert die Biodiversität.

- pflegt die Landschaft und sorgt dafür, dass diese ihre Ökosystemleistungen vollumfänglich erbringen kann. Sie erhöht so die Resilienz des gesamten Produktionssystems.

- ermöglicht den Bäuerinnen und Bauern ein zum Leben ausreichendes Einkommen. Diese erhalten faire Preise für ihre Produkte und eine angemessene Entschädigung für ihre Leistungen für Umwelt, Natur und Klima.

- sichert direkt und indirekt – über lokale gewerbliche Verarbeitungsbetriebe – Arbeitsplätze in den ländlichen Räumen und trägt so wirksam zur Bekämpfung der Armut bei. Sie bietet jungen Menschen eine Perspektive auf dem Land und bremst damit die Stadtflucht.

- bildet, anstatt Treibhausgase zu emittieren, eine Senke für CO_2.

- verzichtet auf Agrochemikalien. Um die Erträge zu sichern, Schädlinge und Unkraut in Schach zu halten, nutzt sie natürliche Verfahren. Sie setzt natürliche Dünger ein. Die Kulturvielfalt ist hoch, Ackerbau ist kombiniert mit Viehhaltung. Geschlossene Stoffkreisläufe werden angestrebt.

- produziert ressourceneffizient, namentlich was den Wasserverbrauch betrifft und kommt ohne fossile Energieträger aus. Die Nahrungsmittelverluste sind auf ein Minimum reduziert.

- ist modern, der Situation angepasst mechanisiert und wissensintensiv: Sie basiert auf bestehendem, traditionellem Wissen und kombiniert dieses mit Ergebnissen der Spitzenforschung. Die Agrarwissenschaft dient dazu, die Natur besser zu verstehen – nicht um sie auszubeuten, sondern um von ihren Gaben zum Nutzen aller, inklusive der Natur selbst, Gebrauch zu machen.

- produziert Nahrung vorwiegend da, wo sie verzehrt wird. Die lokalen Märkte werden mit gehaltvollen, bekömmlichen und erschwinglichen Nahrungsmitteln versorgt. Damit verbessert sich der Gesundheitszustand der Bevölkerung.
- trägt dazu bei, dass sich die Menschen in den reichen Ländern ausgewogen mit mehr pflanzlichen und weniger tierischen Produkten versorgen.

Die natürlichen Ressourcen der Erde sind begrenzt. Wir müssen von den Zinsen leben, die sie abwerfen, und dürfen das Kapital nicht aufbrauchen. Doch genau Letzteres tun wir heute: Im August ist der Zins für das ganze Jahr bereits verbraucht – während der restlichen Monate verzehren wir Kapital. Und jährlich haben wir den Zins schon eine Woche früher aufgebraucht.

Der ökologische Fußabdruck jedes Erdbewohners ist derzeit im Weltdurchschnitt 1,5-mal, in der EU 2,1-mal und in der Schweiz 3,3-mal zu groß.[81] Unseren Wohlstand haben wir im Grunde genommen auf der Plünderung der natürlichen Ressourcen aufgebaut. Wir müssen anerkennen, dass wir die Natur brauchen, und uns von der Vorstellung verabschieden, dass wir uns von ihr durch Technik unabhängig machen können. Wo in der Nahrungsmittelproduktion technische Lösungen entwickelt werden, handelt es sich meist um ein Verfahren, das die Natur schon »erfunden« hat. Warum also den Umweg machen, statt ihr von Anfang an zu vertrauen? Warum nicht als Teil der Natur handeln und nicht als Herr über sie?

Die Probleme des heutigen Ernährungssystems sind verknüpft mit anderen Problemen: Umweltzerstörung, Wirtschaftskrise, wachsende Ungleichheit, soziale Folgen der Globalisierung, Klimawandel, Gesundheitskrise, Krieg, Gewalt und Terror. Keines dieser Probleme lässt sich für sich allein lösen. Deshalb ist ein ganzheitlicher Ansatz erforderlich.

In einer Zeit, die geprägt ist von aggressivem Nationalismus, Profitgier, Intoleranz, wirtschaftlicher Unsicherheit und der Schwächung internationaler Institutionen mag eine Vision, deren Realisierung Weitsicht, weltweite Kooperation und die Bereitschaft zur Suffizienz erfordert, utopisch erscheinen. Doch wenn man an eine Sache glaubt, kann man Berge versetzen.

5. Wie erreichen wir unser Ziel?

Meine Vision ist keine Utopie. Sie ist mit den heute verfügbaren Technologien und deren Entwicklungspotenzial durchaus realisierbar. Doch dies erfordert einen fundamentalen Kurswechsel in der Landwirtschaftspolitik und eine Neuorientierung der Agrarforschung. Die Transformation des Ernährungssystems ist nicht gratis, doch die Gelder, die wir dafür einsetzen, verhindern viel höhere Kosten für die kommenden Generationen: Es sind Investitionen in die Zukunft.

Auf Kleinbetriebe setzen

Mehr als 80% der weltweit rund 537 Millionen Bauernbetriebe bewirtschaften weniger als 2 Hektar.[82] Kleinbetriebe produzieren auf weniger als 50% des Agrarlands rund 70% der Nahrungsmittel.[83]

Global betrachtet, ist die kleinbäuerliche Landwirtschaft mit Abstand der größte Arbeitgeber unseres Planeten. 2,6 Milliarden Menschen – 40% der Erdbevölkerung – leben von ihr.[84] Während die Landwirtschaft in den Industrieländern des Nordens nur noch wenige Prozent zum Bruttosozialprodukt beiträgt (in der Schweiz sind es lediglich rund 1%),[85] erreicht dieser Anteil in 20 Entwicklungsländern mehr als 30%; von diesen 20 Ländern liegen 17 in Afrika.[86]

Zahlreiche Studien belegen, dass Kleinbetriebe pro Fläche höhere Erträge erzielen und produktiver sind als Großfarmen. Sie setzen zwar weniger technische und chemische Hilfsmittel ein, dafür aber mehr Arbeitskraft.

Kleinbäuerliche vielfältige Strukturen sind die besten Voraussetzungen für ein sozial, wirtschaftlich und ökologisch nachhaltiges Ernährungssystem. Ich will keineswegs die traditionelle Landwirtschaft, wie sie heute existiert, romantisch verklären oder gar für eine Rückkehr in vorindustrielle Zustände plädieren. Zu gut bekannt sind die oft ungenügende Produktivität und Effizienz, die gesundheits- und umweltschädliche Praktiken und der Mangel an Wissen, die zum Elend vieler Kleinbauernfamilien beitragen. Die Herausforderungen der Zukunft sind nur mit einem enormen Innovationsschub und entsprechend qualifizierteren Bäuerinnen und Bauern zu bewältigen.

Verbesserte Anbaumethoden, angepasste Technologien, traditionelles und modernes Wissen und eine Vielzahl agrarökologischer Strategien bergen ein gewaltiges Produktivitätspotenzial. Investitionen in die kleinbäuerliche Landwirtschaft stellen zudem am ehesten sicher, dass zusätzlich produzierte Lebensmittel tatsächlich dort zur Verfügung stehen, wo sie gebraucht werden.

Faire Produzentenpreise

Die Bäuerinnen und Bauern brauchen gerechte Produzentenpreise, sonst lohnt es sich für sie nicht, die Produktion über den Eigenbedarf hinaus zu erhöhen. Anstatt die Produktpreise zu drücken, gilt es, den Lebensstandard zu erhöhen, sodass die Menschen in der Lage sind, gute Nahrungsmittel zu einem fairen Preis zu kaufen. Dazu sind Investitionen in die kleinbäuerliche Landwirtschaft eine wirksame Maßnahme. Die Weltbank schätzt, dass wirtschaftliches Wachstum im Agrarsektor doppelt so viel zur Reduktion der Armut beiträgt als Wachstum in irgendeinem anderen Sektor.[87]

Fair müssen die Nahrungsmittelpreise auch gegenüber der Natur sein: Auch die externen Kosten müssen einfließen.

The Economics of Ecosystems and Biodiversity (TEEB), eine Initiative der UNO-Umweltorganisation UNEP, ist daran, diese Kosten zu errechnen. Eine erste weltweite Analyse der Rindfleischproduktion ergab zum Beispiel, dass pro Kilogramm Rindfleischprotein externe Kosten – etwa durch Treibhausgasemissionen, Umwandlung von Wald in Weide oder Luftverschmutzung – im Umfang von rund 170 US-Dollar anfallen.[88]

Gemäß einer Studie des Schweizer Forschungsinstituts für biologischen Landbau (FiBL) wären Nahrungsmittel für die Konsumentinnen und Konsumenten um etwa ein Drittel teurer, würden mit den Verkaufspreisen auch die externen Kosten der Produktion abgedeckt.[89]

Wir werden beim Einkauf für die Küche tiefer in die Tasche greifen müssen. Doch letztlich sind auch kostenwahre Nahrungsmittelpreise Investitionen in die Zukunft. Sie werden unsere Kinder und Enkel entlasten – die ohnehin mit den Folgeschäden unserer Lebensweise zu kämpfen haben werden.

Ländliche Infrastruktur ausbauen

Die Gesundheitsversorgung, Schulen sowie die Energieversorgung in den ländlichen Räumen müssen ausgebaut werden. Zudem braucht es eine Industrie zur Verarbeitung der landwirtschaftlichen Produkte, die Arbeitsplätze schaffen und die Kaufkraft erhöhen kann. Es kann nicht sein, dass weitere zwei Milliarden Menschen vom Land in die Städte vertrieben werden.

Wo Straßen, Eisenbahnen und Kommunikationsnetze fehlen, ist es schwierig, landwirtschaftliche Güter auf den Markt zu bringen. Aber auch die Macht der multinationalen Agrofirmen bedeutet ein enormes Hindernis, denn diese kontrollieren in gewissen Bereichen und vielen Regionen fast den gesamten Markt vom Feld bis zum Endkonsumenten. Sie hintertreiben die Bemühungen, den Kleinbauern den Zugang zu den Märkten zu erleichtern und deren Position zu stärken. Ohne einen starken lokalen Markt ist es jedoch fast unmöglich, aus der Spirale von Hunger und Armut auszusteigen und genügend Nahrung für die Bevölkerung der Entwicklungsländer zu produzieren.

Finanzsysteme, die Kleinstkredite gewähren, können den Bäuerinnen und Bauern das benötigte Kapital vermitteln, das sie zum Beispiel für eine angepasste Mechanisierung oder die Verbesserung der Böden benötigen.

Schließlich brauchen die Kleinbauern Sicherheit – eine Absicherung gegen die Risiken von Produktionsausfällen, Absatzgarantien für ihre Produkte, vor allem aber auch Rechtssicherheit bezüglich ihrer Nutzungsrechte auf Land und andere natürliche Ressourcen. Landreformen, die eine gerechtere Aufteilung des Bodens bringen, sind vielerorts dringend. Der in immer mehr Ländern um sich greifende Ausverkauf fruchtbarer Böden an ausländische Investoren untergräbt die Anstrengungen zur Bekämpfung der Armut und zur Stärkung der kleinbäuerlichen Landwirtschaft. Der Boden als zentrale Ernährungsgrundlage muss in der Hand der ansässigen Bevölkerung bleiben.

Position der Bäuerinnen stärken

Die Frauen spielen eine tragende Rolle in der Nahrungsmittelproduktion. Ihr Anteil an den Arbeitskräften in der Landwirtschaft und in den Tätigkeiten nach der Ernte schwankt zwischen 20 und 70 %, in vielen Entwicklungsländern nimmt er tendenziell zu. Das praktische Wissen über die Landwirtschaft liegt nicht bei den herrschenden Männern, sondern bei den arbeitenden Frauen. Wer verstehen will, wie in Afrika und andern Entwicklungsregionen die Landwirtschaft auf den Kleinbauernhöfen funktioniert und wie sie verbessert werden könnte, muss die Frauen fragen.

Vor allem in den Entwicklungsländern zahlen die Frauen für ihren Einsatz jedoch einen hohen Preis. Die schwere körperliche Feldarbeit, das Schleppen von Wasser und Holz macht sie oftmals krank. Da sie schon in jungen Jahren viel arbeiten müssen, können sie nicht zur Schule gehen und sind entsprechend schlecht ausgebildet. Zudem haben die Frauen trotz der enormen Arbeitslast meist nur ein sehr kleines Einkommen, denn die wirtschaftliche und soziale Macht liegt nach wie vor bei den Männern. Die Frauen verdienen weniger und haben weniger Rechte. In Afrika südlich der Sahara produzieren Frauen 80 bis 90% der Nahrungsmittel, besitzen aber bloß 2% des Landes und erhalten nur 10% aller Kleinkredite für die Landwirtschaft.[90] Die Position der Frauen in der Landwirtschaft der Entwicklungsländer muss deshalb dringend aufgewertet werden. Es gibt Schätzungen, wonach ein gleichberechtigter Zugang der Frauen zu Bildung und landwirtschaftlichen Ressourcen in Afrika eine Steigerung der Ernten um 20 bis 30% erbrächte, und dass sich die Zahl der Hungernden dadurch um 100 bis 150 Millionen senken ließe.[91]

Die Regierungen müssen dazu bewegt werden, den Frauen, aber auch Jugendlichen eine gute Ausbildung zu ermöglichen und ihnen die neuen Erkenntnisse der Agrarforschung zugänglich zu machen. Ihre Rechte auf Land müssen gestärkt werden. Auch brauchen sie die Möglichkeit, Kleinkredite aufzunehmen. Und vor allem müssen die Frauen für ihre Arbeit korrekt entlohnt werden.

Ökologischer Landbau

Ökologischer Landbau ist kein Luxus für die Reichen, sondern eine Überlebensnotwendigkeit. Nur mit dieser Vorgehensweise kann es gelingen, die Nahrungsmittelproduktion auf einen nachhaltigen Kurs zu bringen und dauerhaft zu sichern.

Besonders im Hinblick auf den Klimawandel ist eine Umstellung der globalen Landwirtschaft auf ökologischen Landbau zwingend. Er macht die Nahrungsmittelproduktion robuster und resilienter, und vor allem wappnet er sie vor den negativen Auswirkungen der Erderwärmung. Zugleich kann ökologischer Landbau wirksam dazu beitragen, den Klimawandel zu begrenzen.

Der Einwand, ökologischer Landbau verschärfe den Druck auf die Wälder und andere Naturräume, weil er niedrigere Hektarerträge erziele und deshalb für den gleichen Output an Nahrungsmitteln mehr Fläche benötige, greift zu kurz. Tatsächlich sind die Ertragsunterschiede zwischen der biologischen und der konventionellen Landwirtschaft gering. Gemäß einer 2007 durchgeführten Meta-Studie liegen die Hektarerträge im Biolandbau in den Industrieländern derzeit bei 92 % des Niveaus konventioneller Betriebe.[92]

In den Industrieländern würde eine Umstellung der gesamten Landwirtschaft auf Bio somit zu einem leichten Rückgang der Produktion führen, doch das ließe sich verschmerzen. In der kleinbäuerlichen Landwirtschaft der Entwicklungsländer hingegen – da, wo eine Steigerung nötig ist – ist das Potenzial dazu auch mit ökologischen Methoden enorm. Eine im Auftrag der Welthandels- und Entwicklungskonferenz UNCTAD und der Ernährungs- und Landwirtschaftsorganisation der Vereinten Nationen FAO in Afrika durchgeführten Untersuchung, bei der 1,9 Millionen Hektar Biofläche und 2 Millionen Kleinbauern einbezogen wurden, ergab, dass eine gute Biolandbau-Praxis im Schnitt mehr als doppelt so hohe Erträge abwirft wie die traditionellen Subsistenz-Landwirtschaft.[93]

Ein Langzeit-Systemvergleich, den das Schweizer Forschungsinstitut für biologischen Landbau (FiBL) zusammen mit lokalen Partnern in Kenia durchführt, zeigt, dass Biolandbau den Kleinbäuerinnen und Kleinbauern auch ein höheres Einkommen ermöglicht. In Kenia sind 60 Kleinbetriebe ins Projekt involviert. Dank niedrigerer Produktionskosten und höherer Preise auf dem Markt wirft der Bio-Anbau ab dem fünften Jahr mehr Profit ab als konventionell-intensive Landwirtschaftssysteme. Nach sechs Jahren ist der finanzielle Ertrag insgesamt sogar um 53 % höher. Parallele Langzeitstudien des FiBL über die Produktion von Baumwolle in Indien beziehungsweise Kaffee in Bolivien zeigen ähnlich positive Resultate für biologische Methoden.[94]

1990 lag der Anteil des biologisch bewirtschafteten Kulturlandes weltweit noch im unteren Promillebereich. 2010 waren es immerhin 2%. Der Weltmarkt für biologisch produzierte Nahrungsmittel und Getränke stieg zwischen 1999 und 2009 von 15 auf knapp 55 Milliarden US-Dollar,[95] 2014 waren es bereits 80 Milliarden US-Dollar.[96]

Abbildung 2 | Vergleich der Einnahmen der Anbausysteme in Chuka

Kumulierter Bruttogewinn pro Hektar in USD

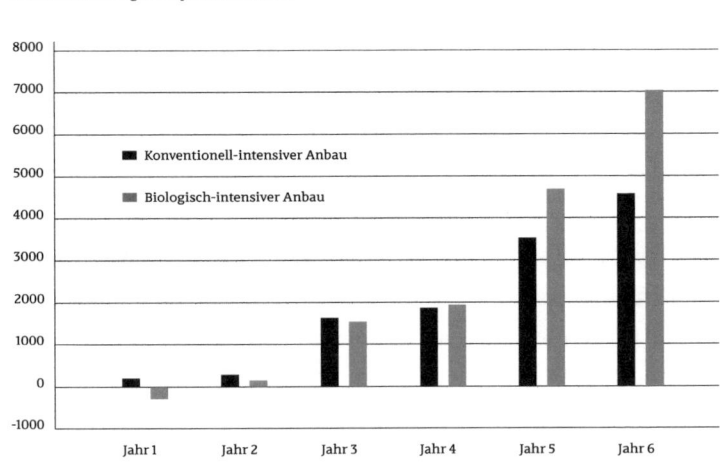

Jahre unter Bepflanzung

Landwirtschafsböden schützen und regenerieren

Der Schwund der Agrarflächen muss gestoppt werden. Es braucht Maßnahmen, die gewährleisten, dass das gute Land der Landwirtschaft erhalten bleibt und nicht auch noch überbaut wird. Dies setzt einen starken politischen Willen voraus.

Um der Degradierung der Böden Einhalt zu gebieten, müssen Maßnahmen wie etwa die Anlage von Baumstreifen und Hecken zum Schutz der Felder vor Wasser- und Winderosion ergriffen werden. Vor allem aber müssen bodenschädliche Praktiken eingestellt werden. Dazu gehören namentlich Überdüngung, Übernutzung, Bodenverdichtung durch schweres Gerät sowie unnötige und zu tiefe Bearbeitung mit dem Pflug.

Der Pflug ist eines der dümmsten Dinge, die der Mensch je erfunden hat. Nicht nur, dass er den Boden erosionsanfällig macht: Das mechanische Wenden des Bodens zerstört dessen natürlichen Aufbau und bringt dessen Lebensgemeinschaft durcheinander. Die in tieferen Schichten lebenden Würmer, Insekten und Mikroorganismen werden gewaltsam an die Oberfläche gezerrt, die an das oberirdische Leben angepasste Fauna geht in der Tiefe zugrunde. Eine weitere gravierende Nebenwirkung ist, dass beim Pflügen im Boden gebundener Kohlenstoff freigesetzt wird (siehe dazu auch den Abschnitt »Landwirtschaftlicher Klimaschutz« in diesem Kapitel).

Der Pflug hat traditionellerweise den Zweck, Unkräuter unterzupflügen und so die nächste Saat zu schützen. Man kann Unkraut aber auch anders und ohne Herbizide bekämpfen. Es gibt einfache Geräte, die den Boden lediglich leicht auflockern und das von der Ernte übrig gebliebene Pflanzenmaterial mit etwas Erde bedecken. Dadurch bildet sich eine dünne Kompostschicht, die den Boden düngt und zugleich Unkraut unterdrückt. Gesät wird dann mit einer kleinen Direktsaat-Maschine, die lediglich schmale Furchen zieht. Auch sollten abwechselnd zum Getreide stickstoffproduzierende Bohnen-gewächse angepflanzt werden, was den Boden auf natürliche Weise mit Stickstoff versorgt. Mit dem zusätzlichen Anbau von Futterpflanzen können Nutztiere ernährt werden und mit dem Mist lässt sich wiederum der Boden düngen.

Eines der Ziele für eine nachhaltige Entwicklung, die die UNO-Konferenz über nachhaltige Entwicklung in Rio de Janeiro (Rio+20) beschlossen hat (siehe auch Kapitel »7. Weltagrarbericht und die Folgen«) und die bis 2030 erreicht sein sollen, ist, die Landdegradation zu stoppen. Das ist gut, aber es reicht nicht. Um die Ernährung der Menschheit von morgen zu sichern, braucht es auch die Böden, die jetzt schon ausgelaugt sind oder es bis 2030 sein werden. Sie müssen regeneriert werden, damit auch dort wieder nachhaltig produziert werden kann. Und diese Regeneration muss mit Methoden erfolgen, die wenig Energie benötigen und nicht zu teuer sind für die Bauern in den Entwicklungsländern. Kompost kann dabei eine wichtige Rolle spielen.

Auf Pestizide verzichten

Gesunde Pflanzen, die auf gesunden Böden gedeihen, sind widerstandsfähig gegen Schädlinge und Krankheiten und können sich auch besser gegen Konkurrenz durch Unkräuter behaupten. Die Möglichkeiten des biologischen Pflanzenschutzes sind bei Weitem nicht ausgeschöpft. Um sie zu nutzen, sind zusätzliche Investitionen in Forschung und Lehre erforderlich. Pestizide sollen erst versprüht werden, wenn die natürliche Schädlingsregulierung keinen Erfolg hat. Ist Letzteres der Fall, sollten den Bauern biologische Produkte zur Verfügung stehen, wie zum Beispiel Schmierseife, Neempulver oder Pyrethrum.

Der Ansatz des integrierten Pflanzenschutzes (IP) umfasst Systeme, in denen alle verfügbaren Verfahren – im Notfall auch

Pestizide – in möglichst guter Abstimmung angewandt werden, um Schadorganismen unter der wirtschaftlichen Schadensschwelle zu halten, wobei die bewusste Ausnutzung natürlicher Begrenzungsfaktoren im Vordergrund steht. Im Rahmen eines regionalen Programms der FAO absolvierten in Westafrika 30 000 Bäuerinnen und Bauern eine entsprechende Schulung. Dies führte zu einer Verminderung des Pestizideinsatzes um durchschnittlich 75 %. Die Erträge wuchsen um 23 % und der Verdienst um 41 %.[97]

Wasser sparen

Das Potenzial verbesserter Bewässerungstechniken wie die Tropfenbewässerung oder Systeme, bei denen das Wasser über unterirdische Leitungssysteme in den Boden gebracht wird, ist ausgesprochen hoch. Diese Techniken erlauben Ertragssteigerungen um bis zu 100 % bei einem um 40 bis 80 % verminderten Wasserverbrauch.[98]

Das Potenzial einer ökologischen, kleinbäuerlichen Landwirtschaft ist auch im Hinblick auf eine Verminderung des Wasserverbrauchs groß. Das Umweltprogramm der Vereinten Nationen (UNEP) hat im 2011 publizierten »Green Economy Report« (siehe gleichnamigen Abschnitt am Schluss dieses Kapitels) dargelegt, dass mit nachhaltigen Methoden eine Produktion, die ausreicht, um den Nahrungsbedarf der Menschheit im Jahr 2050 zu decken, mit geringerem Wassereinsatz als heute machbar ist.[99]

Hilfreich wäre zudem ein Verzicht auf den Anbau von Wasserverzehrern wie Mais und Baumwolle in dafür zu trockenen Gegenden und der Schutz beziehungsweise die Aufforstung von Wasser speichernden Wäldern. Eine Reduktion des Wasserverbrauchs ist auch im Hinblick auf den Bodenschutz dringend erforderlich. Exzessive Bewässerung führt zu

Abschwemmungen im Boden und ist damit ein Erosionsfaktor. Umgekehrt ist Bodenschutz, inklusive die Regeneration degradierter Böden, eine probate Maßnahme zur Reduktion des Wasserverbrauchs, denn lebendige, humusreiche Böden sind auch gute Wasserspeicher.

Biodiversität fördern

Indem sie ihr eigenes Saatgut verwenden, erhalten und fördern die Kleinbäuerinnen und -bauern die Sortenvielfalt. Ökologische Landwirtschaft ist bestrebt, auch die Biodiversität der wild lebenden Pflanzen und Tiere zu erhalten und zu fördern. Langzeitversuche des Schweizer Forschungsinstituts für Biologischen Landbau (FiBL) ergaben, dass die Äcker und Wiesen von Biobetrieben ein deutlich reicheres Bodenleben beherbergen als konventionell bewirtschaftete. Regenwürmer sind in Bioböden um 50 bis 80 % zahlreicher, andere Bodentiere wie Laufkäfer, Spinnen und Kurzflügler tummeln sich in ihnen doppelt so häufig, und die Masse der Bakterien, Pilze, Einzeller und Algen ist um bis zu 85 % höher.[100]

Landwirtschaftlicher Klimaschutz

Wenn wir die Klimaerwärmung begrenzen wollen, reicht es nicht, aus den fossilen Energieträgern auszusteigen. Denn selbst wenn wir morgen die Emissionen gänzlich stoppen könnten, würden die Temperaturen aufgrund der verzögerten Reaktion des Klimasystems auch bei unverändertem CO_2-Gehalt in der Atmosphäre weiter ansteigen – mit dem Risiko, dass die Erde infolge des Auftauens von Permafrostböden zusätzlich Unmengen von Treibhausgasen emittieren könnte. Es gilt daher zusätzlich, der Atmosphäre CO_2 zu entziehen. Die Landwirtschaft kann dabei eine zentrale Rolle übernehmen.

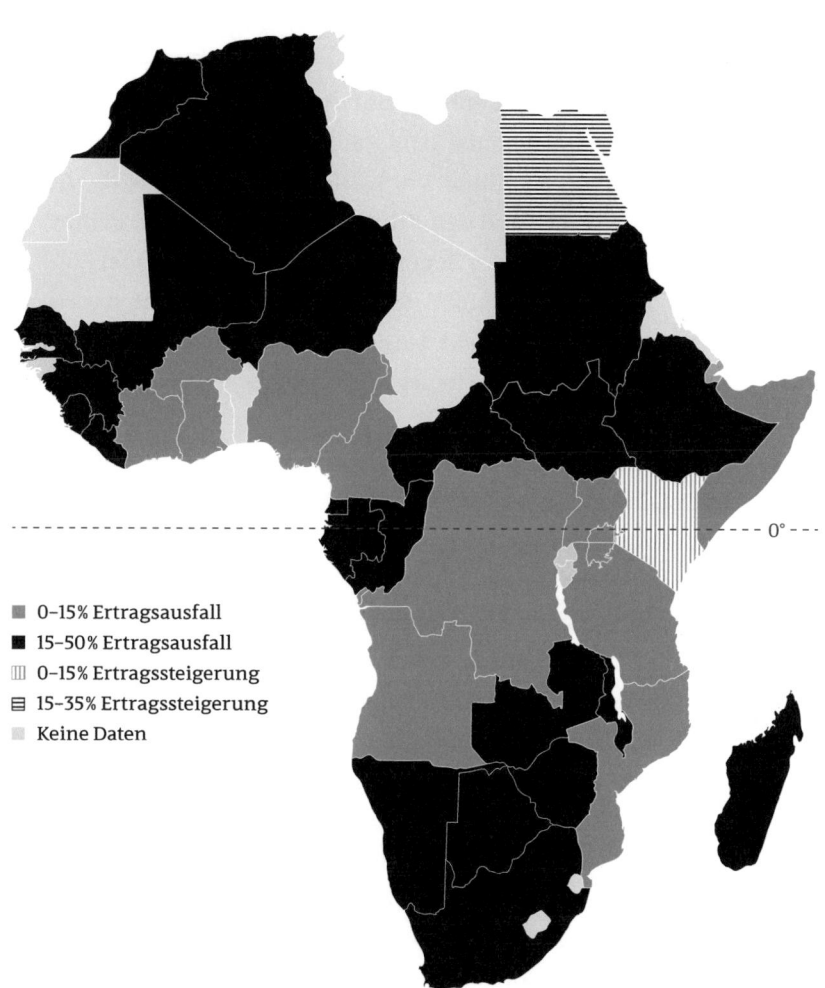

Abbildung 3 | Prognostizierte Veränderungen der landwirtschaftlichen Produktion bis 2080, verursacht durch den Klimawandel, wobei eine mögliche Steigerung der Fruchtbarkeit durch CO_2-Eintrag eingerechnet ist. [Karte basierend auf Cline, 2007]

- 0–15% Ertragsausfall
- 15–50% Ertragsausfall
- 0–15% Ertragssteigerung
- 15–35% Ertragssteigerung
- Keine Daten

Pflanzen binden mit der Fotosynthese CO_2 aus der Luft. In den Wurzeln, in Wurzelausscheidungen oder im abgestorbenen Pflanzenmaterial gelangt ein Teil des so fixierten Kohlenstoffs in den Boden. Durch die Bodenorganismen werden die pflanzlichen Materialien zersetzt und mineralisiert. Zugleich läuft aber auch der Prozess der Humusbildung ab, wobei organische Substanzen entstehen, die sehr stabil sind und Jahrzehnte im Boden überdauern können. Der Kohlenstoff, der jetzt in der Atmosphäre schwebt und den Klimawandel verursacht, kommt ja ursprünglich aus dem Boden. Im Humus ist somit viel Kohlenstoff aus der Atmosphäre gespeichert. Man schätzt, dass in den obersten 30 Zentimeter des Bodens annähernd ebenso viel davon vorhanden ist wie in der Atmosphäre.[101]

Einst war es gar deutlich mehr. Die Umwandlung von Wäldern und Grasland in Äcker setzte viel Kohlenstoff frei. Wissenschaftler schätzen denn auch, dass die Böden der Erde seit Beginn der Industrialisierung 136 Milliarden Tonnen Kohlenstoff in die Atmosphäre abgegeben haben.[102]

Eine Ökologisierung der Landwirtschaft kann zumindest einen Teil davon wieder in den Boden bringen.

Für die Kohlenstoffspeicherung wichtige Maßnahmen sind:

- Keine Pestizide: Sie sind tödlich für die Bodenorganismen, die eine entscheidende Rolle bei der Kohlenstoffspeicherung spielen.
- Kein Mineraldünger: Auch dieser schädigt das Bodenleben. Eine in den USA durchgeführte Studie, bei der Äcker allein mit Kompostmist gedüngt und in Fruchtfolge bewirtschaftet wurden, ergab eine Zunahme des Kohlenstoffgehalts von jährlich 2,47 Tonnen Kohlenstoff pro Hek-

tar. Die mit synthetischem Stickstoffdünger behandelten Äcker ohne Fruchtfolge verloren hingegen jährlich 0,37 Tonnen.[103]

- Minimale Bodenbearbeitung: Pflügen setzt Kohlenstoff frei.
- Permanente Pflanzendecke durch Ansäen von Zwischenkulturen: Auch aus nackten Böden entweicht Kohlenstoff.
- Kulturvielfalt und Fruchtfolge: Fördert ein vielfältiges Bodenleben.
- Angepasste Beweidung von Dauergrünland.

Die Northeast Organic Farming Association von Massachusetts (USA) rechnet vor, dass mit einer konsequenten Umsetzung von Methoden, die auf maximale Kohlenstoffspeicherung auf dem gesamten Acker- und Grünland der Erde abzielen, der Atmosphäre jährlich 23,7 Milliarden Tonnen Kohlenstoff entzogen werden könnte.[104]

Natürlich kann der Boden nicht beliebig viel Kohlenstoff einlagern, irgendeinmal ist der Speicher voll. Doch wenn es gelänge, einen Großteil der Menge, die in den letzten 250 Jahren infolge veränderter Landnutzung in die Luft entwichen ist, wieder in die Böden zurückzubringen, wäre schon viel geholfen.

Zu vorindustriellen Zeiten lag der CO_2-Gehalt der Atmosphäre bei 280 ppm (parts per million), mittlerweile sind es 400 ppm. 1 ppm CO_2 entspricht 2,125 Milliarden Tonnen Kohlenstoff.[105] Eine Rückführung von 106,25 Milliarden Tonnen in die Böden würde somit die Atmosphäre um 50 ppm CO_2 entlasten.

Der Ansatz, den Kohlenstoffgehalt in den Böden zu erhöhen, hat in letzter Zeit auch in der internationalen Klimapolitik an Bedeutung gewonnen. Die französische Regierung hat ein internationales Forschungsprojekt »4 pour mille« lanciert. Das Ziel ist, den Kohlenstoffgehalt in den Böden der Erde um 4

Promille pro Jahr zu erhöhen. Die jährliche CO_2-Speicherung könnte so die heutigen zivilisationsbedingten Emissionen kompensieren: Der Gehalt in der Atmosphäre stiege nicht mehr weiter an.[106]

Mehrere landwirtschaftliche Methoden zur Erhöhung des Kohlenstoffgehalts in den Böden gehören zu den Grundregeln des biologischen Landbaus. In Bioböden lagern denn auch im Durchschnitt 3,5 Tonnen pro Hektar mehr Kohlenstoff als in konventionell bewirtschafteten, das ergab eine 2012 veröffentlichte Analyse von 74 in verschiedensten Ländern erschienenen Untersuchungen.[107]

Biolandbau ist aus einem weiteren Grund klimafreundlich. Die Produktion von Pestiziden und Mineraldünger braucht viel Erdöl. Auch deshalb ist der Treibhausgasausstoß im ökologischen Landbau viel geringer als in der konventionellen Landwirtschaft, denn er kommt weitgehend ohne Agrochemikalien aus. In einem Kilogramm Bio-Weizenbrot stecken 23 bis 25% weniger Treibhausgasemissionen als in einem Kilogramm konventionell erzeugtem Brot. Die bessere CO_2-Bilanz des Bio-Brots ist auf den Verzicht auf Stickstoff-Mineraldünger zurückzuführen.[108]

Multifunktionalität

Ein zentraler Grundsatz einer neu ausgerichteten Landwirtschaftspolitik ist die Multifunktionalität. Bäuerinnen und Bauern produzieren nicht nur Nahrungsmittel, sie erbringen auch gemeinwirtschaftliche Leistungen in den Bereichen Klimaschutz, Gewässerschutz, Biodiversität oder Landschaftspflege. In der Schweiz werden diese Dienste am Gemeinwohl mit jährlich rund 1,4 Milliarden Franken Direktzahlungen aus der Bundeskasse vergütet.[109]

Die Landwirtschaft der Entwicklungsländer ist nicht weniger multifunktional. Die gemeinwirtschaftlichen Leistungen müssen sich auch im Süden auf der Einkommensseite niederschlagen, indem sie gerecht abgegolten werden. Dazu bieten sich zum Beispiel Finanzierungsmechanismen über die internationale Biodiversitätspolitik oder über die Klimapolitik an. Um die Leistungen einer ökologischen Landwirtschaft für den Klimaschutz beziffern und entsprechend abgelten zu können, braucht es allerdings verbesserte Techniken zur Messung des Kohlenstoffgehalts in den Böden.

Verschwendung bekämpfen

Gemäß FAO wäre eine Reduktion der Verluste entlang der ganzen Produktions- und Konsumkette um 50% in nützlicher Frist erreichbar.[110]

Um die Nahrungsmittelverluste in den Entwicklungsländern zu reduzieren, braucht es Maßnahmen, die an mehreren Stellen der Kette vom Acker bis zum Verbraucher ansetzen: Optimierte Planung der Produktion aufgrund der Marktlage; Förderung ressourceneffizienter Praktiken in der Produktion und Verarbeitung; verbesserte Techniken für Lagerung, Verpackung und Konservierung von Nahrungsmitteln; bessere Transportmittel. Zum Teil muss die entsprechende Technologie verbessert oder noch entwickelt werden. Lokale Innovationen wie zum Beispiel Kühlsysteme, die ohne Energiezufuhr auskommen, müssen mit öffentlichen Mitteln gefördert werden.

In den Industrieländern braucht es ein höheres Bewusstsein der Konsumentinnen und Konsumenten für den Wert von Nahrungsmitteln. Auch hier stellt sich wieder die Frage nach dem wahren Preis: Man verschwendet, was wenig kostet. Investitionen in Maßnahmen zur Verringerung der Verluste bei der Produktion, der Lagerung und im Transport lohnen sich nur, wenn sie weniger kosten als die damit vor der Vernichtung bewahrten Nahrungsmittel. Und die Verbraucher in den Industrieländern würden wohl weniger vergeuden, wenn ihnen dies auch ans Portemonnaie ginge.

Fairer Welthandel

Eine weitere Voraussetzung für eine Steigerung der Produktion sind einigermaßen gerechte Handelsbedingungen. Die Liberalisierung des Agrarhandels kann für die Entwicklungsländer nur positive Auswirkungen haben, wenn diese als gleichwertige Akteure am Tisch sitzen. Das ist zurzeit nicht der Fall.

Die Transformation der Landwirtschaft muss daher auch den Agrarhandel einschließen. Dessen Regeln sind so zu gestalten, dass auch die Kleinbäuerinnen und -bauern auf ihre Rechnung kommen. Die OECD-Länder müssen ihre Subventions- und Handelspolitik überdenken. Exportsubventionen untergraben die Nahrungssicherheit, weil sie die Bauern in den Entwicklungsländern unfairer Konkurrenz aussetzen und so die Produktion abwürgen. Sie müssen konsequent umgewandelt werden in Zahlungen für Ökosystemdienstleistungen.

Zudem müssen auch in der Agrarproduktion für den Export fairere Preise bezahlt und die Landarbeiterinnen und -arbeiter anständig entgolten werden. Der Tageslohn einer Kaffeepflückerin in Kenia reicht beispielsweise gerade für einen Liter Milch, während der Preis für Kaffee auf dem Weltmarkt in den vergangenen fünf Jahren um das Doppelte gestiegen ist!

»Fair Trade« ist ein Ansatz: Laut der Dachorganisation Fairtrade Labelling Organizations International profitieren derzeit über 1,5 Millionen Landwirte vom gerechten Handel.[111]

Ernährungssouveränität

Dem Konzept des liberalisierten Agrarmarktes ist das Konzept der Ernährungssouveränität entgegenzusetzen: Jedes Land soll das Recht haben, seine Landwirtschafts- und Ernährungspolitik selbst zu definieren. Es muss den Entwicklungsländern erlaubt sein, Subventionen an die Bauern zu bezahlen und die Importtarife freizusetzen, bis ihre Landwirtschaft konkurrenzfähig ist. Die wirtschaftliche Zusammenarbeit mit den von Hunger bedrohten Regionen muss für jedes Land speziell geregelt werden, denn die Bedingungen sind überall anders.

Nahrungsmittelimporte und -exporte wird es immer geben, um Ausgleiche zu erzielen und Produkte der Bevölkerung verfügbar zu machen, die man nicht lokal anbauen kann, zum Beispiel tropische Früchte in unseren Breitengraden. Dies macht nicht nur ökologisch Sinn, sondern auch wirtschaftlich und sozial.

Dennoch sollte jedes Land bestrebt sein, so viele Nahrungsmittel wie nachhaltig möglich lokal zu produzieren. Dies, um die Abhängigkeit von Importen zu vermindern, aber auch, um weniger anfällig auf widrige Bedingungen wie schlechtes Wetter, Krankheiten oder Schädlingskalamitäten zu sein.

Neuausrichtung von Forschung und Technik

Der Kurswechsel bedingt eine grundlegende Neuausrichtung der Agrarforschung und -technik. Im heutigen Forschungsbetrieb gilt immer noch das Paradigma der Ertragsmaximierung; dieser orientiert sich zudem an den Bedürfnissen der industriellen Landwirtschaft, profitabler cash-crops der großen Produzenten, meist ausgerichtet auf den Weltmarkt. Den Kleinbauern hat die aktuelle Forschung wenig bis nichts zu bieten. Und das Thema Agrarökologie kommt in der Forschung kaum vor. In der Schweiz zum Beispiel erhalten die landwirtschaftlichen

Forschungsanstalten von Agroscope, dem Kompetenzzentrum des Bundes für landwirtschaftliche Forschung, jährlich 170 Millionen Franken – das Forschungsinstitut für Biologischen Landbau (FiBL) muss sich mit 4,5 Millionen begnügen.

Das muss sich ändern. Was wir heute brauchen, ist eine nachhaltigkeitsorientierte, breit angelegte, multidisziplinäre Agrarforschung, die sich neuen Fragestellungen widmet:

- Wie interagieren Pflanzen miteinander und mit den Bodenorganismen? Wie tauschen sie Wasser und Nährstoffe aus? Wie unterstützen sie sich gegenseitig bei der Abwehr von Schädlingen und Krankheitserregern?
- Wie funktioniert das Bodenleben? Wie lässt sich die Bodenfruchtbarkeit verbessern, wie kann der Kohlenstoffgehalt in den Böden erhöht werden?
- Wie können wir das Potenzial, das in alten Landsorten steckt, für die Pflanzenzucht ausschöpfen, um so robuste, hitze- und trockenheitsresistente Sorten hervorzubringen?
- Wie können wir die Palette der Verfahren des biologischen Pflanzenschutzes erweitern, sodass für jeden Schädling ein wirksames Verfahren verfügbar ist?
- Wie lassen sich die Bewässerungstechniken so verfeinern, dass der Wasserverbrauch drastisch sinkt?
- Wie kann die Landwirtschaft am wirksamsten zur Bekämpfung der Armut, der Ungleichheit, der Diskriminierung der Frauen und zu einer besseren Gesundheit der Bevölkerung beitragen?

Dazu benötigen wir rund um den Erdball Tausende von Institutionen wie das Schweizer Forschungsinstitut für Biologischen Landbau (FiBL). Es gibt nicht *die* moderne Landwirtschaft auf der Welt, sondern viele verschiedene. Um der Vielfalt der Systeme gerecht zu werden, sind lokale Ansätze nötig, eine Verlagerung der Forschung vom Labor ins Feld, eine bessere Einbindung der Bäuerinnen und Bauern vor Ort und regionale Forschungsnetze.

Die Forschung muss wieder mehr vom öffentlichen Sektor betrieben werden, weil dieser seine Mittel nicht profitorientiert investieren muss. Zudem gilt es, Akteure aus sämtlichen Bereichen einzubeziehen: aus Landwirtschaft, Wissenschaft verschiedenster Sparten, Wirtschaft, Umwelt, Gesundheit. Politik und Zivilgesellschaft müssen sich verstärkt einbringen, mitreden und mit entscheiden bei der Wahl der Forschungsziele und -projekte. Nur so kann es zum Innovationsschub kommen, den das gesamte Ernährungssystem nötig hat.

Wissen generieren und tauschen

Wissen ist die einzige Ressource, die wächst, wenn man sie mit anderen teilt. Und sie muss wachsen. Die Erkenntnisse und neuen Methoden, die die Agrarforschung generieren, müssen auch zu den Leuten kommen. Es braucht eine gute Ausbildung der Bäuerinnen und Bauern und einen intensiven Informationsaustausch, auch mit den neuen Informations- und Kommunikationstechnologien.

Der Wissenstransfer darf dabei keine Einbahnstraße sein. Es gilt zu gewährleisten, dass das traditionelle und lokale Wissen, das ebenfalls für Innovationen genutzt werden kann, in die Agrarforschung einfließt. Neue Partnerschaften zwischen Bauern, Forschern und Agrartechnikern können dies zum Vorteil aller gewährleisten.

Gentechnik bringt es nicht

Verheißungen wie die gentechnisch optimierten Weizensorten, die Trockenheit ertragen und auf den kargsten Böden gedeihen, sind vorläufig Utopie. Und sie werden – sollte sie dereinst einmal Wirklichkeit werden – für die Kleinbauern unerschwinglich bleiben. Hingegen verfestigt Gentechnik Anbausysteme, die nicht nachhaltig sind, weil sie sich stark auf Kunstdünger, Pestizide und Monokulturen abstützen.

Im Rahmen der Erarbeitung des 2008 publizierten Weltagrarberichts IAASTD (International Assessment of Agricultural Science & Technology for Development, siehe Kapitel »7. Weltagrarbericht und die Folgen«) wurden eine Vielzahl von Studien zum Einsatz der Gentechnik in der Landwirtschaft wissenschaftlich ausgewertet. Das Fazit: Für die Hungernden hat die Gentechnik derzeit wenig bis nichts zu bieten.

Eine Verbesserung der Ernährungslage war auch nicht das Ziel der heute erhältlichen, gentechnisch veränderten Sorten. Entwickelt wurde zum einen vor allem Herbizidresistenz, damit die Bauern Totalherbizide versprühen können, ohne die Nutzpflanzen zu schädigen. Alle großen Pestizidfirmen verkaufen heute Saatgut – vor allem Mais, Raps, Baumwolle und Soja –, das vorzugsweise gegen Herbizide der jeweiligen Firma gentechnisch resistent gemacht wurde.

Auf diese Weise werden Problemunkräuter gezüchtet: In den USA hat der Einsatz von Pflanzen, denen ein Resistenzgen gegen das Totalherbizid Glyphosat eingebaut wurde, zur Ausbreitung glyphophosatresistenter Unkräuter geführt. 2012 waren bereits 25 Millionen Hektar davon betroffen.[112]

Der andere Schwerpunkt liegt auf dem Einbau von Genen, die die Produktion eines Proteins der Mikrobe *Bacillus thuringiensis* (Bt) codieren; das Protein dieser Mikrobe ist für Schadinsekten toxisch. Bt wird bereits seit Jahrzehnten mit Erfolg als natürliches Insektizid eingesetzt. Für Wirbeltiere ist sie unschädlich und zudem biologisch abbaubar. Sie droht nun ihre Wirkung zu verlieren, denn zunehmend bilden Schädlinge Re-

sistenzen gegen das Protein – hauptsächlich als Folge des ver-
breiteten Anbaus von Bt-Mais und Bt-Baumwolle.

Zum Beispiel der Maiswurzelbohrer (*Diabrotica virgifera
virgifera*). Der Käfer ist in den USA und Kanada der bedeutends-
te Maisschädling, was ihm den Beinamen »billion-dollar- pest«
eintrug. 2003 brachte der amerikanische Saatgut- und Herbi-
zid-Produzent Monsanto einen Bt-Mais auf den Markt, der den
Maiswurzelbohrer abtötet. Die Farmer waren eine Sorge los –
doch nur kurzfristig. 2011 traten die ersten Käfer auf, denen das
Bt im Monsanto-Gentechmais nichts mehr anhaben konnte.
Inzwischen hatten andere Saatgutfirmen gentechnisch veränderte Sorten mit anderen Bt-Genen entwickelt. Doch auch diese
verschafften den Maisfarmern nur eine Atempause. Maiswurzelbohrer, die Resistenz gegen den Bt-Mais von Monsanto entwickelt hatten, taten dies auch gegen die anderen Produkte. Die
Folge: Die »billion-dollar-pest« ist zurück auf den Maisfeldern
Nordamerikas.[113] Fazit: Ein Bioprodukt, Bt, das problemlos eingesetzt werden konnte, wurde in die Pflanzen eingebaut, und
so die Insekten permanent unter Druck gesetzt. Dies führte zur
Resistenz und den Verlust eines wichtigen Schädlingsbekämp-
fungsmittels für die Biobauern.

Einen dauerhaften Nutzen versprach man sich vom Golden Rice, eine gentechnisch veränderte Reissorte, die Vitamin
A produziert. Tatsächlich ist Vitamin-A-Mangel ein schwerwie-
gendes Gesundheitsproblem. Die Weltgesundheitsorganisation WHO schätzt, dass 250 Millionen Kinder darunter leiden,
zwischen 250 000 und 500 000 verlieren deshalb ihr Augenlicht.
Und von diesen stirbt die Hälfte von ihnen innerhalb eines Jah-
res nach der Erblindung.[114] Doch das Versprechen erfüllte sich
bisher nicht: Trotz 20-jähriger, mit höchstem finanziellen Aufwand und breiter Unterstützung betriebener Forschung steht
immer noch keine anbautaugliche Reissorte zur Verfügung,

die verlässlich und über mehrere Generationen hinweg genug Vitamin A produziert, um die Mangelsymptome bei Menschen zu beseitigen.[115]

Das Schema ist immer dasselbe. Es gibt ein Problem, für das die Agrarindustrie mit genmanipuliertem Saatgut eine Patentlösung anbietet. Sie funktioniert eine Weile, doch bald ist das alte Problem wieder da – und zusätzlich stellt sich ein neues.

Wir müssen abkommen vom Glauben an solche »quick fixes«, die nur Symptome behandeln. Wir müssen der Sache auf den Grund gehen, die Landwirtschaft als System betrachten und alle Sektoren zusammen anschauen. Strikt abzulehnen sind Patente auf Pflanzen. Dass wir heute über eine große Vielfalt von Pflanzensorten und Nutztierrassen verfügen, ist letztlich den Bauern zu verdanken. Dieser Reichtum muss der Öffentlichkeit gehören.

Grundsätzlich ist der Versuch, Vitamin-A-Mangel mit einer gentechnisch veränderten Reissorte zu bekämpfen, schon aufgrund seines reduktionistischen Ansatzes zum Scheitern verurteilt: Hunger und Vitaminmangel mit einer einzigen Patentlösung beseitigen zu wollen, funktioniert nicht. Denn Menschen mit Vitamin-A-Mangel leiden nicht einfach unter der fehlenden Zufuhr dieses Vitamins. Sie hungern und können sich nicht ausreichend mit Nahrung versorgen. Das Problem ist verknüpft mit Armut und vielen anderen zusammenwirkenden Faktoren. Es braucht ganzheitliche Lösungen, die es den Betroffenen ermöglichen, sich ausreichend und vielfältig zu ernähren.

Vitamin-A-reiche Nahrungsmittel gibt es zuhauf. Sie verfault in den Vorratsspeichern oder unter Bäumen nicht weit weg von den Gebieten, in denen mangelernährte Menschen

leben. Eine Alternative ist zum Beispiel eine orange Süßkartof-
fel, deren Anbau kompatibel ist mit einer verbesserten Fruchtfolge. Für deren Entwicklung wurden vier Wissenschaftler –
Dr. Maria Andrade von den Kapverden, Dr. Howarth Bouis und
Dr. Jan Low aus den USA sowie Dr. Robert Mwanga aus Uganda –,
die Hunger und Unterernährung durch Biofortifikation, einem
Prozess der Anreicherung von Nahrungspflanzen mit lebens-
notwendigen Vitaminen und Mineralien durch selektive Züchtung bekämpfen, 2016 mit dem Welternährungspreis ausgezeichnet.[116]

Green Economy Report

Im Hinblick auf den Erdgipfel (Rio+20) hat das Umweltprogramm der Vereinten Nationen (UNEP) den »Green Economy
Report« publiziert. Der Bericht plädiert für dauerhafte Investitionen von 2% der globalen Wirtschaftsleistung, um den Über-
gang in eine kohlenstoffarme, ressourceneffiziente Weltwirt-
schaft einzuleiten. Davon müssten pro Jahr zusätzlich 198 Milliarden US-Dollar – oder 0,16% des weltweiten Sozialprodukts[117] –
in die Landwirtschaft fließen.

Zu verwenden wären die Gelder für die Regeneration degradierter Böden, die Förderung von diversifizierten Betrieben
mit Pflanzenbau und Viehhaltung, den Kampf gegen Erosion,
effiziente Bewässerungssysteme, biologische Schädlingskontrolle, Maßnahmen für einen erleichterten Marktzugang für
die Kleinbäuerinnen und -bauern und eine Verminderung der
Verluste zwischen Ernte und Konsum.

Die Autoren des Landwirtschaftskapitels modellierten die
zu erwartende Entwicklung der Landwirtschaft unter diesen
Voraussetzungen bis zum Jahr 2050. Dieses »grüne« Szenario
wurde dem »braunen« gegenübergestellt, bei dem die gegen-
wärtige Agrarpolitik unverändert fortgeführt würde.

Die Überlegenheit des Nachhaltigkeitsszenarios ist eindrücklich. Es ermöglicht eine Steigerung der Nahrungsmittelverfügbarkeit von derzeit täglich 2800 auf ausreichende 3300 Kilokalorien pro Kopf; es schafft 47 Millionen mehr Jobs in ländlichen Räumen, als mit dem »braunen« Szenario zu erwarten wäre, und hilft so wirksam, die Armut zu lindern; es kommt mit weniger Wasser aus als heute, wogegen das »braune« Szenario zu einem um 40% höheren Bedarf führen würde; anstatt 15 Millionen Hektar müssten jährlich nur noch 7 Millionen Hektar Wald abgeholzt werden[118]; und die Landwirtschaft wäre 2050 statt ein Treibhausgasemittent ein zentraler Akteur im Klimaschutz.

6. Neuer Lebensstil

Ein global nachhaltiges, Ressourcen schonendes und gesunde Nahrung anbietendes Ernährungssystem ist nicht nur die Aufgabe der Bäuerinnen und Bauern. Politik und Wirtschaft, besonders aber die Konsumentinnen und Konsumenten sind gefordert, ihren Lebensstil zu verändern – auch und gerade in den reichen Industrieländern.

Appetit auf Fleisch zügeln

Den hohen Fleischkonsum und die damit verbundene Problematik habe ich schon im 1. Kapitel erwähnt. Wenn zum Bevölkerungswachstum noch drei bis vier Milliarden Menschen hinzukommen, die aufgrund des steigenden Lebensstandards so viel Fleisch essen wie wir heute in den reichen Ländern, dann reicht es nicht mehr. Es gibt weder genügend Ackerland noch genug Wasser, um die dafür notwendige Menge an Lebens- und Futtermitteln zu produzieren.

Fleischreiche Ernährung ist zudem mit hohen Treibhausgasemissionen verbunden. Im Auftrag des WWF Schweiz hat die auf Ökobilanzen spezialisierte Firma ESU-Services die Treibhausgasbilanz verschiedener Ernährungsstile errechnet. Die gesamten Treibhausgasemissionen pro Kopf der Schweizer Bevölkerung – inklusive die »grauen«, die in den Importgütern stecken – liegen derzeit bei 12,8 Tonnen CO_2-Äquivalent.[119] Davon entfallen etwas mehr als 1,8 Tonnen auf die Ernährung. Wer vegan lebt, kommt aber bloß auf 1,1 Tonnen, ein Vegetarier auf 1,4 Tonnen. Ein mäßiger Fleischesser – 300 g pro Woche –

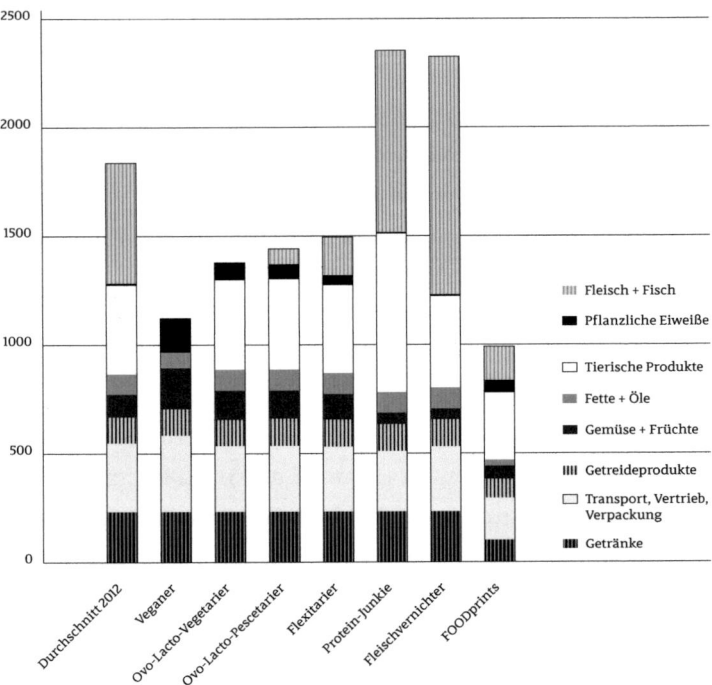

emittiert via Teller 1,5 Tonnen und ein Fleischvernichter – 2 kg Fleisch pro Woche, das Doppelte des Durchschnittskonsums – 2,3 Tonnen.[120]

Eine Reduktion des persönlichen Fleischbedarfs um ein Kilogramm jährlich vermindert die ernährungsbedingten Treibhausgasemissionen um 10 kg CO_2-Äquivalent. Weniger Fleisch zu verzehren würde es auch ermöglichen, die Nutztiere einigermaßen artgerecht – mit Auslauf und ausreichend Platz im Stall – zu halten. Und es wäre für uns bekömmlicher. Eine gesunde Ernährung besteht aus abwechslungsreicher, vor allem

Abbildung 5 | Umweltbelastung aller Ernährungsstile, Aufteilung auf Lebensmittelgruppen (UBP 2013 pro Jahr und Person)

Umweltbelastungspunkte 2013 pro Jahr und Person

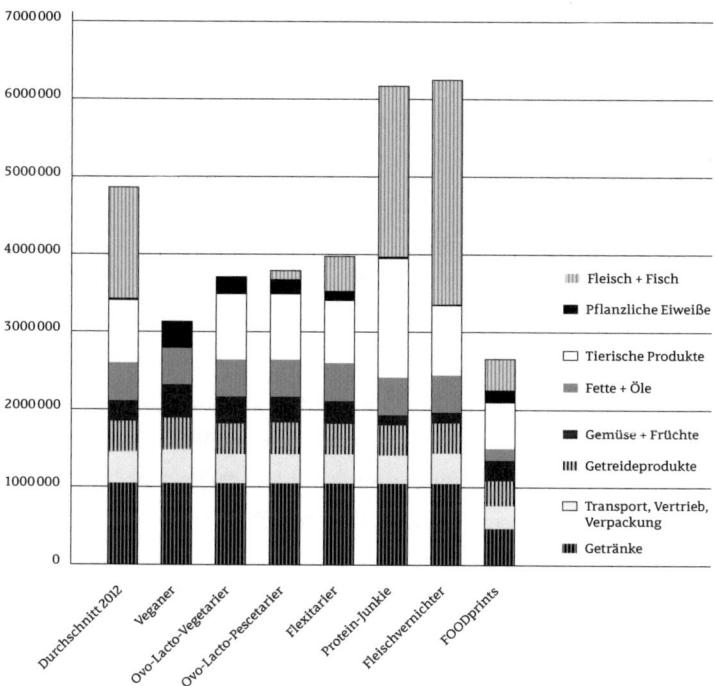

pflanzlicher Kost mit 300 bis 600 g Fleisch pro Woche. Aufs Jahr umgerechnet sind das 15,6 bis 31,2 kg.

Die chinesische Führung hat sich das Ziel gesetzt, den Fleischkonsum im Land zu halbieren. Dieser hat sich in den letzten vierzig Jahren versechsfacht und ist derzeit pro Kopf der Bevölkerung ähnlich hoch wie in Deutschland. Eine Aufklärungskampagne soll erreichen, dass die Chinesinnen und Chinesen im Durchschnitt nur noch 27 kg Fleisch pro Jahr verzehren.[121] Das chinesische Gesundheitsministerium verabschiedete diese Werte in seinen neuen Richtlinien, die alle zehn Jahre angepasst werden. Begründet wird der Appell mit dem Klimaschutz sowie mit der Gesundheit fleischarmer Ernährung.

In Indien ist eine solche Kampagne unnötig. Trotz ähnlicher Wirtschaftsentwicklung wie in China stagniert der Fleischkonsum in Indien seit 1969 bei 4 kg pro Person und Jahr. Offenbar ist ein erhöhter Fleischbedarf bei steigendem Einkommen kein Naturgesetz. Das Ernährungsverhalten ist vielmehr von der Kultur geprägt – und damit auch kulturell wandelbar.[122]

Mobilitätsverhalten überdenken

Alles andere als nachhaltig ist auch unser Mobilitätsverhalten. Es hat unmittelbar Auswirkungen auf die Welternährung, wenn auf Ackerböden Pflanzen für den Tank angebaut werden. Die Produktion von Agrartreibstoffen – Ethanol aus Zuckerrohr oder Mais sowie Methylester aus Soja oder Raps – hat sich zwischen 2000 und 2008 verdreifacht.[123] Ein Drittel der Maisproduktion der USA landet im Tank von Automobilen.

Begründet wird dies mit dem Klimaschutz: Nachwachsende Treibstoffe haben eine bessere CO_2-Bilanz als fossile. Doch der Effekt ist minimal, der Flächenverbrauch gigantisch: Der Ersatz von 1 % des Weltverbrauchs an Diesel und Benzin durch Agrartreibstoff würde 8 Millionen Hektar Agrarboden benötigen; das entspricht in etwa der doppelten Landesfläche der Niederlande.

Unser Mobilitätshunger entzieht der Landwirtschaft Flächen für die Nahrungsmittelproduktion. Hinzu kommt, dass die gesamte Ökobilanz bei allen Energiepflanzen vielfach schlechter ist als bei Benzin und Diesel; dies ergab eine Evaluation in der Schweiz. Der Anbau ist intensiv und mit entsprechenden Umweltbelastungen verbunden. Einzig Treibstoffe aus Abfallprodukten – altes Speiseöl, Restholz, kompostierbare Abfälle – wären ökologisch allenfalls ein Gewinn.[124]

Am Boden bleiben

Besonders hoch – und rasant wachsend – sind die Emissionen des Flugverkehrs. Wer von Zürich nach New York und zurück fliegt, setzt 2,24 Tonnen CO_2 frei. Bei einem Retourflug nach Rio de Janeiro sind es 3,33 Tonnen.[125] Ein Kurzstreckenflug nach London retour schlägt mit 0,58 Tonnen CO_2 zu Buche.

Anders als der Autoverkehr, der mittelfristig elektrifiziert werden kann, sind Flugreisen ohne CO_2-Emissionen kaum je realisierbar. Jet-Set ist von gestern, wer seiner Zeit voraus sein will, bleibt am Boden. Meetings kann man schon länger dank neuer Technologie auch virtuell abhalten.

7. Weltagrarbericht und die Folgen

Ein Gremium von Agrarfachleuten aus aller Welt hat den Weg zu einer nachhaltigen Landwirtschaft bereits vor einigen Jahren vorgezeichnet. Der im April 2008 publizierte Weltagrarbericht[126] (IAASTD – International Assessment of Agricultural Science & Technology for Development) schlägt Konzepte und Maßnahmen vor, mit denen die Landwirtschaft so umgestaltet werden kann, dass sie den zukünftigen Herausforderungen – wachsende Bevölkerung, erhöhte Nachfrage, Klimawandel – gewachsen ist. Angeregt wurde der Bericht durch die FAO und die Weltbank.

Nicht alle waren ob dem Bericht und dessen Botschaften erbaut. Syngenta, weltweit einer der größten Konzerne im Agrargeschäft mit Sitz in Basel, und die internationale Agrarindustrievereinigung CropLife, die von Anfang an am Assessment beteiligt waren, entschieden sich auszusteigen, als der Entwurf des Berichts Anfang 2008 vorlag. Eine ökologische Landwirtschaft ist kein guter Kunde für Agrarkonzerne, die ihr Geld mit dem Verkauf von Saatgut für Hochertragssorten, Dünger und Pestiziden verdienen.

Eine Koalition von Agrargroßmächten, die USA, Kanada und Australien sowie deren Freunde Brasilien und Argentinien, arbeitet weiter an der Expansion der industriellen Landwirtschaft. Sie treffen sich in Davos beim Weltwirtschaftsforum, bei G8 und G20. Die globalen Agrarchemie- und Biotechnologie-Unternehmen und andere große Player wie die Gates- und die Rockefeller-Stiftung übernehmen dabei mehr und mehr von den Regierungen die Rolle der Hauptinvestoren in eine Entwicklung der Landwirtschaft, die alles andere als nachhaltig ist.

Und doch: Die Agrarindustrie ist in die Defensive geraten. In vielen Ländern wird der Weltagrarbericht sehr ernst genommen, auch von den Regierungsspitzen. So lancierte etwa die Afrikanische Union eine Initiative zur Einführung der biologischen Landwirtschaft. Sie wird mittlerweile in acht Ländern umgesetzt.

Die Ernährungs- und Landwirtschaftsorganisation der Vereinten Nationen FAO stand dem Bericht anfangs extrem reserviert gegenüber und ist seither langsam, aber sicher aufgetaut. Dass sich etwas tut, kann man gut an den neuesten Publikationen der FAO auf ihrer Webseite zum Jahr der bäuerlichen Familienbetriebe 2014 sehen, die eine nachhaltigere Landwirtschaft und ökologische Intensivierung verlangen. Im selben Jahr veranstaltete die FAO ein Symposium über Agrarökologie.[127]

Auch der Bericht »Agricultural technology for development« zuhanden der UNO-Generalversammlung im September 2015 übernimmt die wesentlichen Aussagen und Postulate des Weltagrarberichts. Er analysiert die Entwicklung der Agrartechnologien, die ökologischen und sozialen Probleme des heutigen Ernährungssystems – die ähnlich gewertet werden wie im Weltagrarbericht – und schlägt eine Wende hin zu nachhaltigen Systemen vor. Gefordert wird eine »ökologische Intensivierung« in Abgrenzung zum Paradigma der Grünen Revolution. Dem ökologischen Landbau und der Weiterentwicklung entsprechender Technologien wird ein hoher Stellenwert eingeräumt, eine klimaneutrale Landwirtschaft ist ein vorrangiges Ziel.[128]

Von der Weltbank und auch vom Internationalen Institut für Ernährungspolitik (IFPRI) wird heute mehr nachhaltige

Landwirtschaft gefördert als früher. Es ist auch mehr von Kleinbauern sowie von der tragenden Rolle der Frauen die Rede und sogar ab und zu von Fehlern der Vergangenheit.

Die UN-Welthandels- und Entwicklungskonferenz UNCTAD hat den Weltagrarbericht von Anfang an unterstützt. Ihr letzter Handels- und Umweltbericht 2013 schreibt wesentliche Botschaften des Weltagrarberichts fort. Er fordert eine Abkehr von der industriellen Agrarproduktion, Vielfalt statt Monokulturen, agrarökologische Methoden statt Mineraldünger und Pestizide – vor allem aber mehr Unterstützung für Kleinbauern. Die Transformation der Landwirtschaft sei eine der größten Herausforderungen des Jahrhunderts, schreibt die UNCTAD.

Ziele für eine nachhaltige Entwicklung

2012 hat die UNO-Konferenz über nachhaltige Entwicklung in Rio de Janeiro (Rio+20) beschlossen, nachhaltige Entwicklungsziele für nach 2015 auszuarbeiten. In einem dreijährigen Prozess wurde die Agenda 2030 mit ihren 17 nachhaltigen Entwicklungszielen (SDGs) ausgehandelt und von allen UNO-Mitgliedstaaten im September 2015 angenommen.[129] Die Agenda ist für alle Länder verbindlich und soll nicht – wie die Millennium-Entwicklungsziele – nur Entwicklungsländern den Weg in eine bessere Zukunft ebnen. Globale nachhaltige Entwicklung soll über ein grün gefärbtes Weiter-wie-bisher hinausgehen.

Die Armut soll verschwinden, alle Menschen sollen Zugang zu sauberem Wasser, verlässlicher und nachhaltig produzierter Energie, Gesundheitsversorgung und Bildung erhalten. Frauen und Männer sollen gleichgestellt, die Ungleichheit zwischen und innerhalb der Länder verringert werden und ein nachhaltiges Wirtschaftswachstum für Vollbeschäftigung sorgen.

Andere Ziele beziehen sich auf den Schutz der Ozeane, die Erhaltung und Wiederherstellung der Landökosysteme oder auf Maßnahmen zur Begrenzung des Klimawandels und zur Anpassung an ihn. Globale Partnerschaften zur Umsetzung dieser Ziele sollen vertieft werden.

Das zweite Ziel betrifft unmittelbar die Landwirtschaft: »Den Hunger beenden, Ernährungssicherheit und eine bessere Ernährung erreichen und eine nachhaltige Landwirtschaft fördern.« 2030 sollen alle Menschen ganzjährig Zugang zu ausreichenden Nahrungsmitteln haben. Angestrebt werden eine Verdoppelung der Einkommen der Kleinbäuerinnen und -bauern und eine Besserstellung der Frauen. Nachhaltige Systeme sollen die Nahrungsmittelproduktion sicherstellen, zur Erhaltung der Ökosysteme beitragen, die Anpassungsfähigkeit an den Klimawandel erhöhen und die Bodenqualität verbessern. Bereits 2020 soll die genetische Vielfalt von Saatgut, Kulturpflanzen sowie Nutztieren und ihren wildlebenden Artverwandten gesichert sein.

Investitionen in die ländliche Infrastruktur, die Agrarforschung und landwirtschaftliche Beratungsdienste sowie verstärkte internationale Zusammenarbeit sollen die landwirtschaftliche Produktionskapazität in den Entwicklungsländern verbessern. Handelsverzerrungen auf den globalen Agrarmärkten sollen korrigiert werden, unter anderem durch die Abschaffung aller Formen von Agrarexportsubventionen.

Das Komitee für Nahrungssicherheit (Commitee on World Food Security, CFS) wurde mit der Aufgabe betraut, die einzelnen Nationen auf ihrem Weg zu einer nachhaltigen Landwirtschaft zu unterstützen. Es wird sich dazu auf den Weltagrarbericht abstützen und nicht nur Repräsentanten von Regierungen, Unternehmen und aus der Wissenschaft in den Prozess einbeziehen, sondern auch Vertreter der Landwirtschaft und der Zivilgesellschaft.

Meine beiden Organisationen, Biovision und das Millennium Institute, haben die Verhandlungen zu den SDGs im Rahmen des Projekts »Kurswechsel Landwirtschaft« eng begleitet. Dabei wurden den staatlichen Unterhändlern laufend Textvorschläge und Erkenntnisse aus unserer langjährigen Erfahrungen vorgeschlagen und im Rahmen von Veranstaltungen und bilateralen Gesprächen unsere Positionen dargelegt. Wir konnten insbesondere zum zweiten Ziel, »Zero Hunger« Wesentliches beitragen. Nicht zuletzt, weil Biovision als einzige Schweizer Organisation den generellen Konsultativstatus beim Wirtschafts- und Sozialrat der Vereinten Nationen besitzt.

Wir haben nur eine Welt. Wir müssen nun wirklich alle am gleichen Strick ziehen. Im Moment sieht es leider noch nicht danach aus. Der Norden muss aufhören, seinen Vorsprung auf die Entwicklungsländer zu verteidigen. Andererseits sollten die Entwicklungsländer nicht mehr darauf beharren, das gleiche Wachstumsmodell zu übernehmen, das bisher die Industrieländer verfolgt haben. Es darf einfach nicht mehr darum gehen, dass jeder schaut, was er vom andern bekommen kann.

Die nachhaltigen Entwicklungsziele sind unsere letzte gute Chance, für die Zukunft etwas richtig zu machen. Das Beste an ihnen ist, dass sie universal sind: Die Schweiz muss sich genauso daran halten wie Botswana.

Am meisten zu Hoffnungen Anlass geben aber die zahllosen Beispiele von Bäuerinnen und Bauern in aller Welt, die nachhaltige Formen der Nahrungsmittelproduktion auf lokaler Ebene umsetzen.

Schon mein Vater sagte: »Der einzige Mist, auf dem nichts wächst, ist der Pessimist.« Wenn man den Optimismus verliert, hat man nichts mehr. Darum werde ich weiterkämpfen, bis zum Letzten.

MEINE VISION IN
DER PRAXIS

Der heilige Berg grünt wieder

MARIMANTI, KENIA

»Früher war das Leben hier gut«, erinnert sich der mehr als 80-jährige Neftali Kian'a Miru aus Marimanti im Tiefland von Tharaka, nordöstlich von Nairobi. »Wir hatten genug zu essen.« Inzwischen leben jedoch viel mehr Menschen in diesem heiß-trockenen Gebiet, das nahe am Äquator liegt, und sie alle brauchen Land und Holz. Die Wälder sind stark geschrumpft, selbst am Ntugi Hill, einem heiligen Berg und Ort der Ahnen, wurde gerodet. Der Regen fiel in den letzten Jahren spärlicher, Dürren nahmen zu.

Um die Maiserträge zu steigern, pflanzten mehr und mehr Bauern ertragreichere Hybrid-Sorten an. Doch das Saatgut ist teuer, die Bauern können die Samen nicht selber ziehen. Zudem sind die hochgezüchteten Sorten schlecht an das trockene Klima angepasst, bei Regenmangel verdorren sie rasch. Nach dem Dürrejahr 2009 waren daher viele Familien auf Nahrungs-mittelhilfe angewiesen und konnten kein Einkommen aus der Feldarbeit erwirtschaften.

So auch die Familie von Neftalis verwitweter Tochter Sabella. Die Bäuerin musste all ihr Vieh verkaufen, um mit ihren drei Kindern über die Runden zu kommen. Sabella erkannte, dass es so nicht weitergehen konnte. Sie schloss sich einer Initiative des Institute for Culture and Ecology (ICE) an, das sich vor Ort für die Erhaltung der Umwelt, der traditionellen Kultur und ein besseres Leben der Landbevölkerung engagiert. Die kenianische NGO setzt auf eine Kombination von über-liefertem Wissen und modernen ökologischen Anbaumethoden. Sie sammelt und vermehrt vergessene lokale Nutzpflanzensorten und gibt diese an interessierte Bauerngruppen zur Weiterverbreitung ab.

ICE-Beraterinnen und -Berater unterrichteten die beteiligten Bäuerinnen und Bauern von Marimanti in den Methoden des ökologischen Landbaus, zeigten, wie die Erosion gebremst und die Böden mit Kompost verbessert werden können. Und sie stellten ihnen Saatgut von Nutzpflanzen zur Verfügung, die robust und trockenheitsresistent sind.

Heute baut Sabella verschiedene Sorten von Fingerhirse, Sorghum, Mungbohnen, Kuhbohnen und Erbsen an. »Meine Produkte sind auf dem Markt von Marimanti sehr gefragt, und auch der Samenverkauf läuft gut«, berichtet sie. Allein mit dem Saatgut verdiente sie 2013 rund 50 000 Kenia-Schilling, was etwa 400 Euro entspricht und knapp für die Ausbildung ihres Sohnes reichte.

Die Bäuerinnen und Bauern von Marimanti haben zudem begonnen, Bäume zu pflanzen. Bereits grünt es wieder am heiligen Ntugi Hill.[130]

S. 74 | Ikwa, ein Wasserfall am Kathita River in Tharaka (Kenia), ist für die einheimische Bevölkerung ein Hort der Ahnen und deshalb ein heiliger Ort. Geweihte Orte wie etwa Ikwa oder der Ntugi Hill sind wegen des steigenden Bau- und Brennholzbedarfs in Tharaka gefährdet. Mit Aufklärung der Menschen und Aufforstungsaktionen engagieren sich Sabella Kian'a und ihre Bauerngruppe für die Erhaltung dieser Naturrefugien.

S. 75 oben | Mit Kompost können Ackerböden auf ökologische Weise erhalten und aufgewertet werden. In vielen Projekten von Biovision wird darum praktisches Wissen um die Kompostwirtschaft vermittelt, so auch in Marimanti (Tharaka, Kenia).

S. 75 unten | Fruchtbare Böden sind die Grundlage für die Produktion von Nahrung. Weltweit und insbesondere auch in Afrika gehen sie zusehends verloren. Im Bild: Erosion bei Marimanti.

Push-Pull: Schädlinge und Unkraut in Schach halten

Mais ist ein Grundnahrungsmittel in Ostafrika und wird von den meisten Kleinbauernfamilien angepflanzt. Doch Schädlinge wie der Stängelbohrer und das Unkraut Striga sind weit verbreitet. Sie reduzieren die Ernte massiv oder können gar zum Totalausfall führen. Chemische Pflanzenschutz- und Düngemittel sind für die meisten Familien unerschwinglich und wirken sich zudem negativ auf die Biodiversität aus.

Eine biologische Lösung ist die Push-Pull-Methode, die von Professor Zeyaur Khan am Internationalen Institut für Insektenforschung *icipe* in Nairobi entwickelt wurde. Sie basiert auf dem Prinzip der Mischkultur. Zwischen den Maispflanzen wird Desmodium, eine Pflanze aus der Familie der Schmetterlingsblütler, angesät. Deren Geruch wirkt auf die Stängelbohrer-Motten abstoßend (»Push«). Als positiver Nebeneffekt reichert Desmodium die Böden mit Stickstoff an, denn die Pflanze zählt zu den Leguminosen, die eine Symbiose mit stickstofffixierenden Wurzelbakterien eingehen. Und schließlich neutralisiert Desmodium Unkräuter der Gattung Striga.

Um das Feld herum wird Napiergras gepflanzt, das den Stängelbohrer anlockt (»Pull«). Wenn er seine Larven dort ablegt, verenden sie an den klebrigen Blättern. Diese Methode der natürlichen Unkraut- und Schädlingsbekämpfung, die am *icipe* entwickelt wurde, ermöglichte eine Steigerung der Maiserträge um mehr als 300 %. Zudem dienen Desmodium und Napiergras auch als nahrhaftes Viehfutter, was wiederum die Milchleistung steigert.

Zu Beginn dieses Jahrhunderts war die Push-Pull-Methode noch nahezu unbekannt, mittlerweile wird sie von mehr als 120 000 ostafrikanischen Landwirtschaftsbetrieben angewandt. Sie wird auch im Bericht »Landwirtschaftliche Technologie für Entwicklung« zuhanden der UNO-Generalversammlung vom Oktober 2015 explizit als innovativer Ansatz für eine nachhaltige Landwirtschaft erwähnt.[131]

links | **Napirgras und Desmodium, auf denen die Push-Pull-Methode basiert, sind erstklassiges Viehfutter und ermöglichen den Bauern eine markante Steigerung der Milcherträge.**

rechts oben | **Auf den Versuchsfeldern der *icipe*-Forschungsanstalt in Mbita Point am Lake Victoria (Kenia) werden verschiedene Arten von Desmodium wissenschaftlich getestet für den Einsatz als »Push«-Pflanzen.**

rechts unten | **Die Push-Pull-Methode ermöglicht beim Maisanbau eine nachhaltige Ertragssteigerung um bis zu 300 %.**

Vergleichsfeld Push-Pull vs. konventionell: Der Feldversuch in der *icipe*-Forschungsanstalt in Mbita Point zeigt die offensichtlichen Unterschiede zwischen einem Push-Pull-Feld (links) und einem konventionellen Feld (rechts).

Die Desmodiumbohnen zwischen den Maisstängeln bekämpfen zudem das Unkraut Striga, das große Ernteausfälle verursacht. Die Leguminosen steigern die Bodenfruchtbarkeit, halten die Feuchtigkeit zurück und schützen die Ackererde vor Erosion.

Ziel: 100% Bio

BHUTAN

Auf der aktuellen Rangliste von 175 Ländern, die auf dem durchschnittlichem Pro-Kopf-Einkommen, der Lebenserwartung und dem Bildungsgrad der Bevölkerung basiert, steht Bhutan auf Platz 136.[132] Zwei Drittel der Bevölkerung arbeiten in der Landwirtschaft. Obschon nur auf 3 % der Landesfläche – in den fruchtbaren Tälern – Ackerbau möglich ist, versorgt sich Bhutan außer mit Reis weitgehend selbst. 80 % des Landes sind bewaldet und müssen dies auch bleiben. So wollen es die Gesetze zum Schutze der Natur.

2008 unterzeichnete Bhutans Regierung den Weltagrarbericht. Sie ließ es nicht dabei bewenden, sondern machte sich daran, die geforderte agrarpolitische Wende auf nationaler Ebene umzusetzen. Agrarminister Pema Gyamtsho – selbst Landwirt – setzte 2012 das Ziel, Bhutans Landwirtschaft vollständig auf Biolandbau umzustellen. Dabei setzt die Regierung zunächst vorwiegend auf Aufklärung, Beratung und Ausbildung. Man hofft dabei auch, mit dem Export von Bioprodukten neue Einkünfte für die ländliche Bevölkerung zu generieren und so die Landflucht zu stoppen.

»Dass wir die Wahl hätten, auf biologische Landwirtschaft umzustellen, ist ein weltweit verbreiteter Mythos«, erklärte Bhutans Premierminister Jigmi Thinley 2012 beim UN-Nachhaltigkeitsgipfel Rio+20. »Aus Sicht der Ernährungssicherung haben wir keine andere Wahl, sondern es ist eine Frage des Überlebens.«[133]

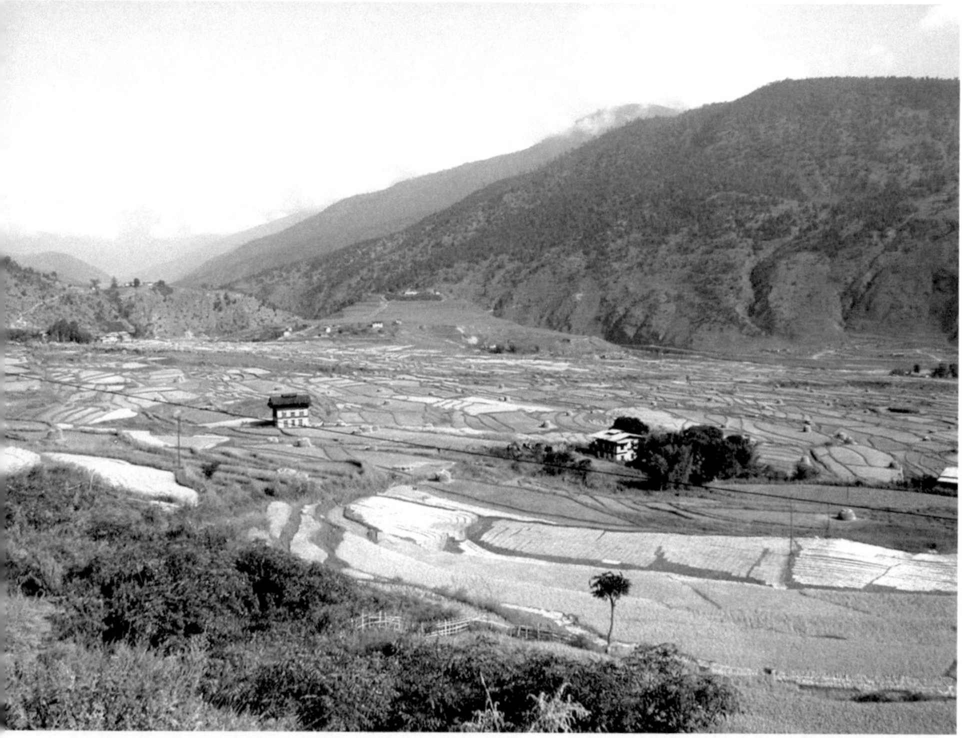

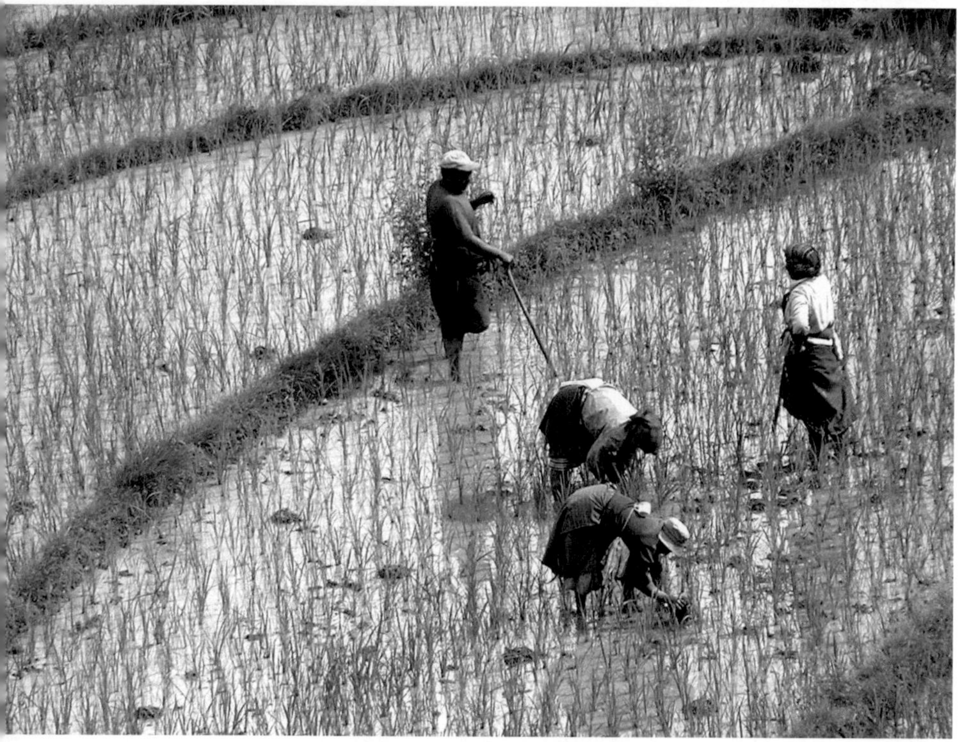

Offene Feldtage für den Biolandbau

SACDEP, KENIA

In Kenia leben 70% der Menschen von der Landwirtschaft, fast 30% der Bevölkerung sind immer noch unterernährt. Die meisten Bauernfamilien bewirtschaften bloß 2 bis 3 Hektar karges Land.

1993 lancierte der kenianische Agronom Ngugi Mutura die NGO Sustainable Agriculture Development Program (SACDEP). Sie basiert auf biologischem Landbau, der Züchtung lokal angepasster Sorten, Wassermanagement, Kleintierhaltung, dem Einsatz erneuerbarer Energien sowie einem Mikrokreditsystem. Gruppen von 30 bis 40 Personen – zu 80% Frauen – werden vier Jahre lang auf ihren Feldern im organischen Landbau, dem Kompostieren und der Produktion natürlicher Pflanzenschutzmittel ausgebildet. Jede Gruppe erhält einen Wassertank mit einer Anleitung, wie dieser nachgebaut werden kann. Zudem werden Milchziegen abgegeben. Die Frauen entscheiden selbst, wer von ihnen zuerst eine Ziege erhält. Die Nachzucht wird an die nächsten Mitglieder weitergegeben.

»Offene Feldtage« fördern regelmäßig den Wissensaustausch zwischen den Kleinbäuerinnen. Zudem werden *resource persons* als Ansprechpartner benannt, die vor Ort bei Problemen helfen.

SACDEP hat seit 1993 rund 60 000 Familien in vier Regionen des Landes erreicht. Dank diversifizierteren Betrieben hat sich für sie die Ernährungssicherheit verbessert. Während der letzten Dürre 2011 konnten die Bäuerinnen neun Tonnen Lebensmittel spenden.

SACDEP hat aus 20 Jahren Erfahrung und Zusammenarbeit ein Lehrprogramm für biologische, kleinbäuerliche Landwirtschaft entwickelt.[134]

Solche Feldtage werden auch von anderen Partnern von Biovision durchgeführt. Sie stoßen bei den Bauernfamilien auf enormes Interesse, da ihnen in vielen Fällen das Wissen fehlt, um mit den Auswirkungen des Klimawandels und degradierter Böden klarzukommen. So lernen sie effizient und ökologisch anzubauen, ihren Input (z.B. Dünger) selbst zu produzieren und auf teure Chemikalien zu verzichten, was ihre Lebensumstände nachhaltig verbessert.

Der Mangel an dieser Wissensvermittlung war auch der Grund, weshalb ich 1998 die Stiftung Biovision gründete – und mit dem Farmer Communication Programme erreichen wir inzwischen über drei Millionen Bauern allein in Kenia. Doch das reicht noch nicht – es gibt noch viel zu tun!

Ein Schwerpunkt von SACDEP liegt in der Klein-
tier- und Kleinviehhaltung.

S. 90f. | Zu viel oder zu wenig Wasser: Damit haben
die Kleinbauern in Subsahara-Afrika je länger,
je mehr zu kämpfen. Regenmangel und Trocken-
zeiten können mit Wassertanks besser über-
standen werden.

Die Mango weint nicht mehr

Ende 2011 schlugen die Mangobauern im kenianischen Bezirk Meru Alarm. »Die Mangos weinten und fielen von den Bäumen«, erinnert sich Sakayo Murauki aus dem Dorf Thuti. Jeden Morgen bot sich das gleiche Bild: Der Boden war bedeckt mit schönen Früchten, aus denen der Saft tropfte – im Fruchtinnern wimmelte es von Maden.

Jane Biashara, Wirtschaftsberaterin bei Techno Serve, einer internationalen NGO, hatte damals den Auftrag, mit den Bauern im Bezirk Meru die Mangoproduktion zu steigern und die Früchte zu vermarkten. Dazu wurden sehr viele Pestizide eingesetzt. So nebelte etwa Sakayo Murauki alle zwei Wochen jeden seiner 520 Mangobäume mit Insektengiften ein. Diese Behandlung wiederholte er achtmal pro Saison. Alle Mangoproduzenten im Bezirk Meru verfuhren ähnlich, trotzdem verdarben nun ihre Früchte zuhauf.

»Ich fiel beinahe in Ohnmacht, als mich die verzweifelten Bauern anriefen«, berichtet Jane Biashara. Sie stand unter enormem Druck: »4000 Mangobauern blickten erwartungsvoll auf mich.« Jane begann zu recherchieren und fand rasch heraus, dass man beim Internationalen Insektenforschungsinstitut (*icipe*) in Nairobi das Problem und die Lösung kannte. Die Forscher hatten längst registriert, dass 2003 eine neue Fruchtfliegenart aus Sri Lanka nach Kenia eingeschleppt worden war. Dort befielen die Fluchtfliegen die Mangos und legten ihre Eier unter die Schalen der Früchte, wo die Maden schlüpften. Die Früchte verdarben, und die kenianischen Mangobauern wurden vom internationalen Früchtemarkt ausgeschlossen. Für Hunderttausende kenianischer Familien war das katastrophal, weil sie von einem Tag auf den andern ihre existenzsichernde Einkommensquelle verloren. Diese Fliegenart verbreitete sich mangels natürlicher Feinde rasch auf dem afrikanischen Kontinent. Mangos gehören zu den international am meisten gehandelten Tropenfrüchten und sind auch für den lokalen Konsum wichtig.

Das *icipe* reagierte schnell und entwickelte ein Verfahren des Integrierten Pflanzenschutzes (IP), das sowohl gegen den Exoten aus Sri Lanka als auch gegen die einheimische Mangofruchtfliege wirkt. Das Verfahren beinhaltet eine Kombination von Maßnahmen: Parasitäre Schlupfwespen, die die Brut der Fruchtfliegen dezimieren, werden freigelassen, befallene Früchte werden konsequent beseitigt. Diese Interventionen werden ergänzt durch den Einsatz von Duftfallen, dem punktuellen Besprayen der Bäume mit einem Lockstoff für die Schädlinge oder der Bekämpfung von Fliegenlarven mittels Pilzsporen. Neben natürlichen Feinden der Schädlinge werden auch Biopestizide eingesetzt, allerdings nur so viel, wie unbedingt nötig sind.

Die Mangobauern von Meru erhielten eine IP-Ausbildung und wandten die Maßnahmen ab 2013 an. Der Erfolg kam postwendend: Der Fliegenbefall sank schnell von 65 auf durchschnittlich 15 %.

»Heute sind unsere Mangos von erstklassiger Qualität und erzielen gute Preise«, sagt Sakayo Murauki. Das ist sehr wichtig für ihn, denn mit dem Früchteverkauf verdienen er und seine Frau Jennifer den Hauptteil des Einkommens, das ihren Kindern eine gute Ausbildung erlaubt. Veronice, die ältere Tochter, kann ihr Studium als Air-Controllerin fortsetzen, und ihre jüngere Schwester Doris wird nach dem Abschluss der Sekundarschule ebenfalls ein Studium beginnen.

2013 und 2014 wurde das Verfahren breiter evaluiert. 828 Mangoproduzentinnen und -produzenten waren daran beteiligt. Von diesen wandten 694 die IP-Methode an, 134 bekämpften die Schädlinge wie bis anhin mit Insektiziden. Die Ernteerträge, die Ausgaben für chemische und andere Hilfsmittel sowie die Einnahmen aus dem Früchteverkauf wurden verglichen. Die IP-Methode schnitt beim Vergleich deutlich besser ab: Die Ernteausfälle waren im Durchschnitt 19 % tiefer, das Einkommen um 48 % höher.[135]

rechts | Zwei Schlupfwespenarten – die natürlichen Feinde der Mangofruchtfliege – werden am Internationalen Institut für Insektenforschung in Nairobi (icipe) gezüchtet und in den Mangohainen freigelassen.

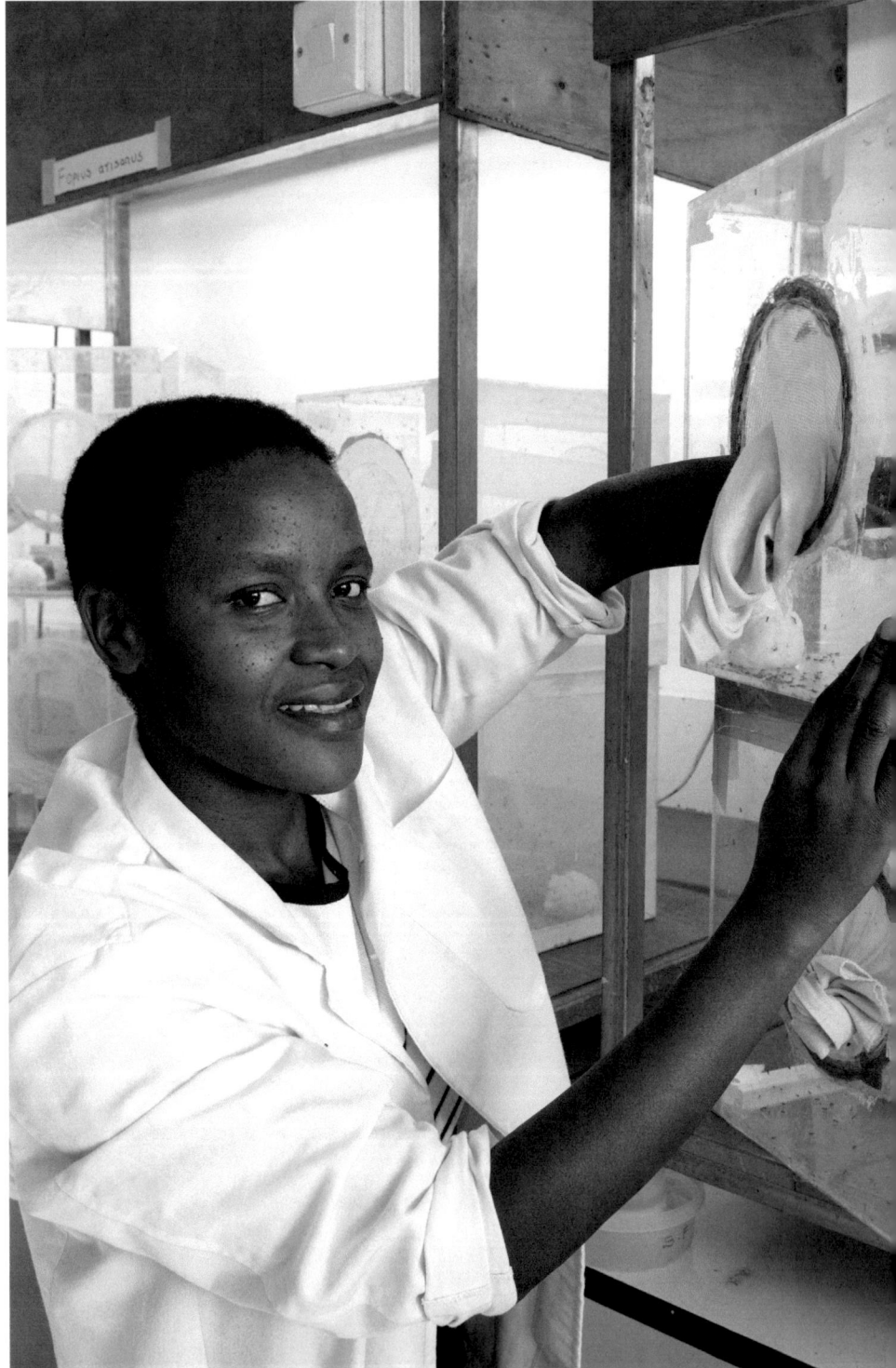

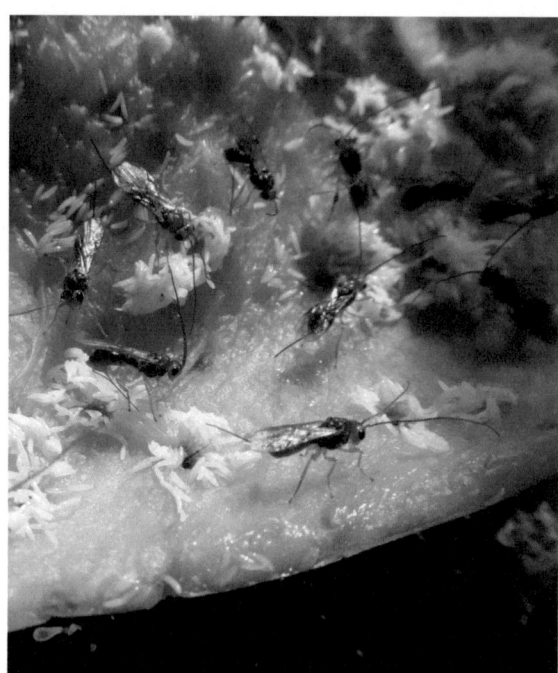

links | **Die Insektenforscher des *icipe* haben eine Reihe kombinierter Maßnahmen entwickelt, mit denen die Mangofruchtfliegen umweltfreundlich bekämpft und kontrolliert werden können.**

rechts oben | **Eine der Schlupfwespenarten legt ihre Eier in die Eier der schädlichen Fruchtfliegen, die andere in deren Maden. Sobald die Wespenlarven schlüpfen, befallen sie die Brut der Fliegen und reduzieren so den Schädlingsbestand.**

rechts unten | **Ohne Gegenmaßnahmen können die Fliegenmaden in den faulenden Früchten heranwachsen und in den Boden gelangen, wo sie sich verpuppen.**

Aufatmen im Embu und Meru County (Kenia):
Nachdem wegen der aus Sri Lanka eingeschlepp-
ten Fruchtfliege (*Bactrocera dorsalis*) große
Ernteverluste entstanden waren, konnten die im
Biovision-Projekt involvierten Mangoprodu-
zentinnen und -produzenten das Problem dank
IPM-Maßnahmen unter Kontrolle bringen und
ihr Einkommen markant erhöhen.

Auskommen mit Landsorten

Der Blick in den Pflanzgarten in Meru, Kenia, ist eine reine Freude: Auf den 1,5 Hektar gedeihen viele Bäume. Sie spenden Schatten, liefern Holz und Früchte, und sie schützen den Boden vor Erosion. Unter den Blätterdächern lagern Haufen von Kompost und Mist, fein säuberlich zugedeckt mit welkem Laub. Die verschiedenen Pflanzungen sind sorgfältig angelegt.

»Das war nicht immer so«, erläutert Monica Gatobu. »Früher hatten wir oft schlechte Erträge, weil alles wild durcheinanderwuchs.« Die Ernten seien sehr bescheiden gewesen, erinnert sie sich. Sie hätten mit ihren Kindern nur knapp davon leben können, und manchmal habe es nicht ausgereicht. »Dann mussten wir staatliche Nahrungsmittelhilfe beanspruchen.« Inzwischen können Monica und Joseph Gatobu sich und ihren behinderten Sohn sowie zwei Kinder einer verstorbenen Tochter ernähren und dank Ertragsüberschüssen auch Geld verdienen.

Die Wende begann mit einer Ausbildung in den Methoden des ökologischen Anbaus, die vom Institute for Culture and Ecology (ICE) durchgeführt wurde (siehe auch »Marimanti, Kenia: Der heilige Berg grünt wieder«, S. 72). Seither bauen die Bäuerinnen und Bauern vermehrt einheimische Gemüse-, Getreide- und Früchtesorten an. Joseph Gatobu sieht darin viele Vorteile: »Unsere alten Sorten sind schmackhaft und gesund. Man kann sie einfach und billig anbauen, weil sie ohne chemische Hilfsmittel auskommen«, erklärt er und betont, dass die Bauern Samen und Setzlinge der lokalen Sorten im

Unterschied zu modernen Hybriden selber ziehen könnten, was ihnen Unabhängigkeit von Samenlieferanten verleihe. »Auch brauchen die einheimischen Pflanzen weniger Wasser, und sie sind resistenter gegen Trockenheit und Krankheiten.«

Auf dem Markt finden die alten Sorten Zuspruch. Gemäß Monica Gatobu waren sie früher verbreitet und sehr beliebt. Im Lauf der Zeit seien sie aber in Vergessenheit geraten, weil in der Stadt nur noch moderne Gattungen feilgeboten wurden. Jetzt steige die Nachfrage nach den vergessenen Gemüsen und Früchten dank erfolgreicher Mund-zu-Mund-Propaganda stetig an. »Heute kaufen die Kunden Bananen oder Süßkartoffeln sogar direkt von der Farm«, sagt sie und rechnet vor, dass sie damit monatlich etwa KSH 5000 verdienten (rund CHF 55).[136]

Die Kombination von überliefertem Wissen und modernen ökologischen Anbaumethoden kann die Selbstversorgung der Landbevölkerung verbessern. Alte, einheimische Sorten von Ackerpflanzen und Früchten sind den lokalen Standortbedingungen gut angepasst. Sie sind meist robuster gegenüber den Folgen des Klimawandels und trockenheitsresistenter als moderne Hybridsorten.

Sabella Kian'a und ihre Bauerngruppe lernten in einem von Biovision unterstützten Projekt, lokale Nutzpflanzsorten zu ziehen und zu vermehren. Mit dem Verkauf dieser Sorten und deren Samen können die Bäuerinnen und Bauern Einkommen generieren.

Frauen tragen die
Last der Verantwortung

Frauen spielen eine Schlüsselrolle in der kleinbäuerlichen Landwirtschaft Ostafrikas, aber ihre gesellschaftliche Diskriminierung hindert sie daran, ihr Potenzial voll zu entfalten. Die Emanzipation dieser Frauen würde nicht nur ihre Lebensqualität verbessern, sondern auch der Wirtschaft einen enormen Schub geben.

In Ostafrika steht und fällt die kleinbäuerliche Landwirtschaft mit dem Einsatz der Frauen. Das war schon immer so. Die traditionelle Arbeitsteilung zwischen den Geschlechtern weist den Frauen mehrheitlich die Verantwortung für den Pflanzenbau zu. Die Männer sind zuständig für das Roden, das Vorbereiten und das Pflügen des Landes. In der Tierhaltung kümmern sich die Frauen um die Schafe, Ziegen und Hühner, während die Großviehhaltung mehrheitlich Sache der Männer ist. Für Mütter kommen jedoch etliche Aufgaben hinzu: die Ernährung der Familie und das Führen des Haushalts, die Beschaffung von Brennholz und Wasser, die Gesundheitsfürsorge, die Krankenpflege, die Betreuung von Kindern und Alten sowie alle Tätigkeiten rund um den Markt.

Damit tragen die Frauen Ostafrikas eine schwere Arbeitslast. Und sie wird ständig schwerer. Immer mehr bäuerliche Kleinbetriebe werden gänzlich von Frauen geführt, weil ihre Männer auf der Suche nach Arbeit und Einkommen in den Städten leben. Und viele Frauen müssen zusätzlich zum Landwirtschaftsbetrieb Lohnarbeit leisten, um ihr mageres Einkommen zu ergänzen.

Benachteiligungen und Herausforderungen

Trotz dieser tragenden Bedeutung werden die Frauen noch immer an den Rand gedrängt und benachteiligt. Das zeigt sich in folgenden Belangen:

Landrechte und Bodenbesitz | In Afrika ist der Boden fest in Männerhand. Frauen verfügen traditionellerweise kaum über Landbesitz und entsprechende Rechte. In den seltenen Ausnahmefällen werden sie gerne auf schlechte Böden abgedrängt. Diese Diskriminierung der Frauen ist ein erhebliches Hemmnis für eine Produktivitätssteigerung in der kleinbäuerlichen Landwirtschaft.

Infrastruktur | Die mangelhafte Infrastruktur in den ländlichen Gebieten behindert die Verbesserung des bäuerlichen Auskommens. So erschweren etwa schlechte Straßen, weite Distanzen und hohe Transportkosten den Zugang zu landwirtschaftlichen Betriebsmitteln, zu Beratung und zu den Märkten. Während des Transports von den Farmen zu den Verkaufsstellen verdirbt nicht selten ein Teil der Güter, was zu Wertminderungen der Ware und Einkommensverlusten führt.

Geld und Investitionskapital | Bäuerinnen können in der Regel nicht über das von ihnen erwirtschaftete Geld verfügen, weil sie einen Teil oder auch ihr ganzes Einkommen den Ehemännern aushändigen müssen. Auch haben sie kaum Zugang zu Krediten. Die Banken schätzen die Kreditgewährung an Familienbetriebe allgemein als zu riskant ein, und eine Frau ohne Rechte auf Land hat noch viel weniger Chancen auf einen Kredit. Ohne Startkapital sind aber Innovationen und Fortschritte auch auf Kleinfarmen kaum zu realisieren.

Bildung und Informationszugang | Frauen verfügen über vielfältige Fähigkeiten in den verschiedensten Arbeitsbereichen. Bezüglich Schulbildung kommen sie aber zu kurz. Wenn das Geld knapp ist, schicken die Familien die Knaben zur Schule. Mädchen werden dann frühzeitig aus der Schule genommen und auf den Heimbetrieben als Arbeitskräfte eingesetzt. Das erschwert ihnen später die Führung ihrer Betriebe, den Umgang mit Behörden, den Besuch von Weiterbildungen sowie den Zugang zu aktuellen Marktinformationen und technischen Neuerungen.

Gesundheit | Afrikanerinnen haben kaum Zugang zu adäquater Gesundheitsversorgung, leiden aber besonders stark unter Infektionskrankheiten wie Cholera, Typhus und HIV. Davon sind sie gleich doppelt betroffen: als Patientinnen einerseits und als Krankenpflegerinnen anderseits. Das führt neben sehr viel Leid sowie physischer und psychischer Belastung zu erheblichen Produktivitätsverlusten in der Landwirtschaft.

Säulen der Gesellschaft stärken

Aufgrund ihrer Schlüsselrolle in der Wirtschaft und der Gesellschaft stehen die afrikanischen Frauen oft im Zentrum der Projektarbeit von Organisationen wie der Stiftung Biovision. Die Verbesserung der Nahrungssicherheit und der Gesundheit, die Überwindung der Armut und die Förderung einer nachhaltigen Entwicklung sind im ländlichen Raum ohne Einbezug der Frauen und ihrer gezielten Förderung nicht zu erreichen.

Die volle Emanzipation der Frauen in Ostafrika würde sehr viel zur Verbesserung der wirtschaftlichen Lage in diesen Ländern beitragen, aber aufgrund der tief verwurzelten Traditionen wird dies mit Sicherheit ein langwieriger Prozess sein.[137]

Karotten vom Berg

TOWELO, TANSANIA

Motorräder haben in Afrika Hochkonjunktur. Ein Autotaxi können sich die wenigsten leisten, ein »Piki Piki« (Motorrad-Taxi in Swahili) hingegen schon. Das gilt auch für die Bergbauern von Towelo in Tansania, deren Dorf 600 Höhenmeter über der Bezirkshauptstadt Morogoro in den Uluguru Mountains liegt.

In diesem Dorf wohnt auch der 20-jährige Moses Paulini mit seinen Eltern und drei Geschwistern. Ihr Leben am Berg ist schwierig: Die Pflanzungen an den steilen Abhängen sind den Launen der Natur ausgesetzt, und die Bauernfamilien müssen zunehmend gegen die Folgen der Klimaveränderung kämpfen.

2010 bildeten sich Moses' Vater, Pius Paulini, und seine Bauerngruppe in den Methoden des ökologischen Landbaus aus. Sie wurden an einem Tag pro Woche durch einen Berater von Sustainable Agriculture Tansania (SAT) trainiert und erlernten das Anlegen von Hangterrassen zum Schutz vor Erosion, die Aufbereitung von Kompost und pflanzlichem Flüssigdünger sowie die Techniken der biologischen Schädlingsbekämpfung.

»Früher habe ich mit chemischem Dünger gearbeitet«, berichtet Pius Paulini. »Das war teuer, laugte letztlich den Boden aus, und die Erträge waren schlecht.« Er konnte damals bloß ein- bis zweimal pro Saison Pfefferschoten ernten, zwei Jahre nach der Umstellung auf Bio waren drei- bis viermal. Nach dem Kurs setzte Pius auf Biokarotten, die auf dem Markt wegen ihres vorzüglichen Geschmacks zum Renner wurden. Mittlerweile verkauft er 1200 kg Karotten pro Saison, was der Familie jährlich mehr als CHF 500 einbringt.

Es war ihr Glück, dass Moses 2013 in der Schule scheiterte. Vater und Sohn wagten die Realisierung eines gemeinsamen Projekts: Moses wurde Piki-Piki-Fahrer mit eigener Maschine. Dazu investierte Pius Paulini umgerechnet CHF 500 für ein gebrauchtes Motorrad. Der Taxibetrieb lief von Anbeginn sehr gut, und der Junge gewann seinen Stolz zurück. Seither verdient er täglich etwa CHF 13, wovon er acht seinem Vater abgeben muss. Auch die Menschen von Towelo profitieren: Moses' Piki Piki verkürzt ihnen den beschwerlichen Warentransport hinunter auf den Markt von Morogoro.

Ende gut, alles gut? Nicht so für Pius Paulini, der bereits eine neue Vereinbarung mit seinem Sohn getroffen hat. »Moses wird seine Schulkarriere an einer Berufsschule als Mechaniker fortsetzen und die Ausbildung gleich selber finanzieren«, so der stolze Vater und fügt an, dass die Kosten aus jener Kasse bezahlt werden, die der Junge mit seiner täglichen Einlage bereits gut gefüllt hat.[138]

Die Terrassierung des Geländes zum Schutz vor
Erosion ist eine der wichtigsten Neuerungen für
Bäuerinnen und Bauern an den Steilhängen der
Uluguru Mountains in Tansania. Sie lernen ihre
kargen Böden mit Kompost, Mist und pflanzlichem
Flüssigdünger aus Eigenproduktion zu verbessern.
Die neuen, ökologischen Anbautechniken kosten
im Gegensatz zu Kunstdünger und Chemie kaum
Geld, ermöglichen markante Ertragssteigerungen
und erhöhen die Bodenfruchtbarkeit nachhaltig.

Pflanzenkohle für den
Klima- und Bodenschutz

Der Kaffeeanbau hat ein Entsorgungsproblem: Pro Tonne Rohkaffee fallen etwa 1,8 Tonnen Pulpe an – eine leicht saure, schlecht kompostierbare Masse, die weder als Viehfutter noch als Brennstoff nutzbar ist. Andererseits enthält Pulpe pro Kilogramm Trockensubstanz 53 g Kalium, einen essenziellen Pflanzennährstoff, der dem Boden der Kaffeeplantagen entzogen wurde.

Eine vom Schweizer Ökozentrum Langenbruck entwickelte Pyrolyse-Anlage verwandelt das Entsorgungsgut in einen wertvollen Rohstoff. In dieser Anlage wird das Pflanzenmaterial durch Erhitzen gespalten, als Endprodukt fällt Pflanzenkohle an. Auf den Plantagen verteilt, bringt diese das Kalium zurück in die Böden und verbessert deren Wasser- und Nährstoffrückhalt. Zudem entstehen Gase und überschüssige Wärme, die sich in Biosprit oder Strom umwandeln lassen.[139]

Ein anderer, höchst willkommener Nebeneffekt ist, dass durch die Verteilung auf den Plantagen der Atmosphäre CO_2 entzogen wird, denn Pflanzenkohle speichert pflanzlichen Kohlenstoff im Boden, der sonst beim Verrotten der Biomasse zurück in die Luft gelangen würde.

Die Produktion von Pflanzenkohle in Pyrolyse-Anlagen ist eine der wenigen Möglichkeiten, Energie zu gewinnen und gleichzeitig den CO_2-Gehalt der Atmosphäre zu senken. In ihr steckt das Potenzial, den gesamten vom Menschen verursachten Anstieg des Kohlenstoffs in der Atmosphäre zu kompensieren oder gar rückgängig zu machen.

Millionen Tonnen organische Stoffe können mittels Pyrolyse verarbeitet werden. Pflanzliche Abfälle aus der Landwirtschaft, aber auch Klärschlamm, Gehölzschnitt, Schwemmholz, mit Kunststoffabfällen und Mineralstoffen durchmischte Biomasse. Grundsätzlich ließen sich sämtliche Kohlenwasserstoffe von Holz bis Erdöl so verwerten, dass der Wasserstoff-Anteil energetisch genutzt, der Kohlenstoff aber abgeschieden und der stofflichen Nutzung zugeführt wird. Gleichzeitig kann die Pflanzenkohle dazu beitragen, degradierte Böden zu regenerieren.[140]

Unter akademischen Experten war man sich einig, dass es 50 Tonnen Pflanzenkohle pro Hektar braucht, um eine Ertragssteigerung zu erreichen. Das entspricht pro Quadratmeter in etwa einer knapp gefüllten Schubkarre voll Pflanzenkohle! Um diese Menge an Pflanzenkohle auf die Felder zu bringen, wäre der finanzielle und materielle Aufwand enorm. Viele Bauern verwarfen die Idee, mit Pflanzenkohle die landwirtschaftlichen Stoffkreisläufe zu schließen.

Das Ithaka Institute entwickelte die Methode der Wurzelapplikation. Bei ihr wird die Pflanzenkohle nicht in großen Mengen homogen auf einem Feld verteilt, sondern eine kleine Menge in den Wurzelraum jeder einzelnen Pflanze appliziert. So kann bei einer Aufwandmenge von nur einer Tonne Pflanzenkohle pro Hektar die Wurzelzone jeder Pflanze mit Pflanzenkohle versorgt werden. Auf diese Weise genügt eine Handvoll Pflanzenkohle pro Pflanze, um erhebliche Ertragssteigerungen zu erreichen.

Pflanzenkohle ist ein Trägermittel für Nährstoffe. Sie muss vor ihrem Einsatz im Boden zunächst mit (organischen) Nährstoffen aufgeladen werden. Zum Beispiel mit Kuh-Urin, der im Vergleich zu synthetischen Düngern viel mehr organische

Substanzen beinhaltet, das offenbar die mikrobielle Aktivität im Boden stimulieren und darüber wohl auch das Pflanzenwachstum.

Industriell hergestellte Pflanzenkohle wird in den nächsten Jahrzehnten vermutlich zu einem der entscheidenden Rohstoffe der biobasierten Wirtschaft. Mit der simplen Erfindung des Kon-Tiki-Ofens beginnt die Demokratisierung der Produktion von Pflanzenkohle. Er ermöglicht fortan jeder Kleinbäuerin überall auf der Welt, selbst Pflanzenkohle in genügender Menge und bester Qualität gleich mit den Reststoffen vor Ort herzustellen und damit Böden zu regenerieren und Ertragssteigerungen zu generieren.[141]

rechts | Kleinbäuerinnen in Nepal und überall auf der Welt hätten dank einfachster Produktionstechnik Zugang zu hochwertigem Dünger aus Pflanzenkohle. Hier wurde die Kohle aus Strauchschnitt hergestellt, mit Kompost und Kuh-Urin gemischt und zusammen mit Kürbissamen in die Pflanzlöcher gegeben. So konnte die Kürbisernte vervierfacht werden.

S. 118f. | Nährstoffverluste sollen bereits im Stall verhindert werden. Anstatt riesiger Güllegruben werden kleinere Urin-Auffangbecken gebaut und mit Pflanzenkohle gefüllt. Das Urin-Pflanzenkohle-Substrat wird von den Bauern regelmäßig ausgeschaufelt und als Dünger verwendet.

links | **Herstellung von Pflanzenkohle in einem Kon-Tiki-Ofen aus Maisstoppeln direkt auf einem frisch abgeernteten Feld in Bara, Terai, Nepal.** Aus lokal anfallenden Reststoffen kann an einem Nachmittag ein Kubikmeter bester Pflanzenkohle produziert werden. Das ergibt einen hochwertigen, sehr kostengünstigen Dünger.

rechts oben | **Nährstoffreiche Pflanzenkohle wird in die Furchen eingebracht und mit Erde zugedeckt, sodass die zarten Zwiebelwurzeln das Substrat nicht direkt berühren, sondern nach und nach hineinwachsen.**

rechts unten | **Kein Gestank dank Pflanzenkohle:** Das Stallsystem ist komplett geruchlos. Pro Rind und Tag können 10 bis 15 Liter Pflanzenkohle hergestellt werden.

Farmer Communication Programme *für Ostafrika*

Die junge Agronomiestudentin Veronica Wamiti wird von den erheblich älteren Mitgliedern der Bauerngruppe aus dem Dorf Thayu im Bezirk Nyandarua (Kenia) voll akzeptiert. Sie haben längst erkannt, dass die Studentin eine kompetente Lehrerin ist, die sich minutiös auf die Trainings vorbereitet und ihr Wissen mit Engagement weitergibt.

Seit Mitte 2013 besucht Veronica Wamiti jeden Monat einen der Höfe und unterrichtet dort die Kleinbäuerinnen und Kleinbauern in landwirtschaftlichen Themen, die sie selber bestimmen. Der Kurs über Hühnerhaltung stößt auf besonderes Interesse: Mit dem Verkauf von Eiern und Hühnerfleisch lässt sich Bargeld dazuverdienen, und darauf sind sie und ihre Familien dringend angewiesen.

In der Pause zwischen der Theorie über Haltungsformen, Fütterung, Gesundheitsmaßnahmen und der Praxis im Kükenstall berichtet eine der Bäuerinnen, dass sie bereits früher Federvieh hielt. »Von meinen zehn Hühnern sind sieben eingegangen«, meint sie zerknirscht. Jetzt hat sie gelernt, dass frisches Wasser sehr wichtig ist für das Federvieh. Zudem hat Veronica Wamiti darauf hingewiesen, dass Hühner zuweilen vergiftet werden, wenn ausgediente Pestizidbehälter als Wassergefäße verwendet werden.

Veronica Wamiti betreut ein Beratungszentrum, das den Bäuerinnen und Bauern in den ländlichen Gebieten Kenias den Zugang zu Schulungen und Trainingskursen in ökologischer Landwirtschaft ermöglicht. Jährlich haben damit rund

30 000 Bäuerinnen und Bauern in ländlichen Gebieten Kenias
Zugang zu Informationen und Kursen in ökologischer Landwirtschaft. Die Beratungszentren sind Bestandteil des *Farmer
Communication Programmes* (FCP), das mit einer multime-
dialen Informationsvermittlung durch Zeitung, Radio, Internet sowie persönlicher Beratung einen kontinuierlichen und
adressatengerechten Wissens- und Erfahrungsaustausch zwischen Wissenschaft und Kleinbäuerinnen und -bauern gewähr-
leistet. Es vermittelt praxisbezogenes Fachwissen, das hilft, mit
kostengünstigen Mitteln die Erträge zu steigern und die Bodenfruchtbarkeit nachhaltig zu erhöhen.

Ein anderes Element des FCP ist »The Organic Farmer« (TOF).
Die Zeitung für ökologische Landwirtschaft richtet sich an
kenianische Kleinbäuerinnen und -bauern. Die tansanische
Version des TOF heißt »Mkulima Mbunifu« – Der schlaue Bauer. Sie erscheint auf Swahili und wird monatlich verschickt.
250 000 kenianische Bäuerinnen und Bauern lesen die Bauernzeitung TOF, rund 110 000 die Version in Swahili in Tansania.
Und bis zu 3,5 Millionen Menschen in Kenia empfangen das
TOF-Radio, das jede Woche zwei Sendungen ausstrahlt.

www.infonet-biovision.org, die Webseite zur Verbreitung von
Wissen über ökologische Landwirtschaft, Gesundheitsförde-
rung bei Mensch und Tier, umweltfreundliche Technologien
und Einkommensförderung, wird weltweit genutzt. Sie richtet
sich an Bauerngruppen sowie Beraterinnen und Berater in den
Bereichen Landwirtschaft und Gesundheit. Die Inhalte der Wis-
sensplattform werden zusammen mit Wissenschaftlerinnen
und lokalen Experten erarbeitet und aufgrund der Bedürfnisse
der lokalen Bevölkerung gestaltet. Zwischen Januar und Dezember 2014 klickten insgesamt 533 000 Leute die Seite an, davon
127 700 aus Afrika. Auch die Zugriffe per Mobiltelefon nehmen
zu: In Kenia besitzt 75 % der Bevölkerung ein Mobiltelefon.[142]

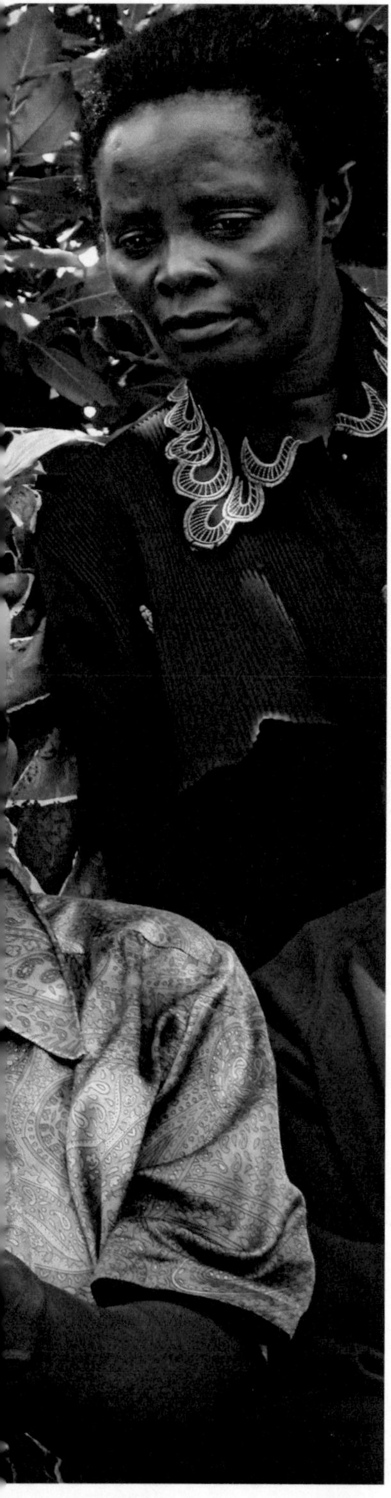

Biovision hat ein vielfältiges Bauern-Informations-
programm entwickelt, mit dem die Landwir-
tinnen und Landwirte mit lokal relevantem Wissen
versorgt werden. Über die Bauernzeitung »The
Organic Farmer« (TOF) in Kenia und in Swahili in
Tansania (»Mkulima Mbunifu« – Der schlaue Bauer)
erhalten die Landwirte konkrete und praxis-
nahe Anleitungen zur Verbesserung ihrer Erträge
mit nachhaltigen Methoden. Dazu kommt das
TOF-Radio mit zwei Sendungen pro Woche über
ökologische Landwirtschaftsthemen.

Mit praktischen Trainings ermöglicht Biovision den Bäuerinnen und Bauern in den ländlichen Gebieten Ostafrikas den Zugang zur ökologischen Landwirtschaft. Zudem besuchen Landwirtschaftsberaterinnen und -berater die Kleinfarmer in ihren Dörfern und auf den Feldern. Die Web-plattform *www.infonet-biovision.org* – eine Art »Google für Bauern« – gibt konkrete, regional angepasste Ratschläge und Anleitungen zum ökologischen Anbau und zu weiteren Themen.

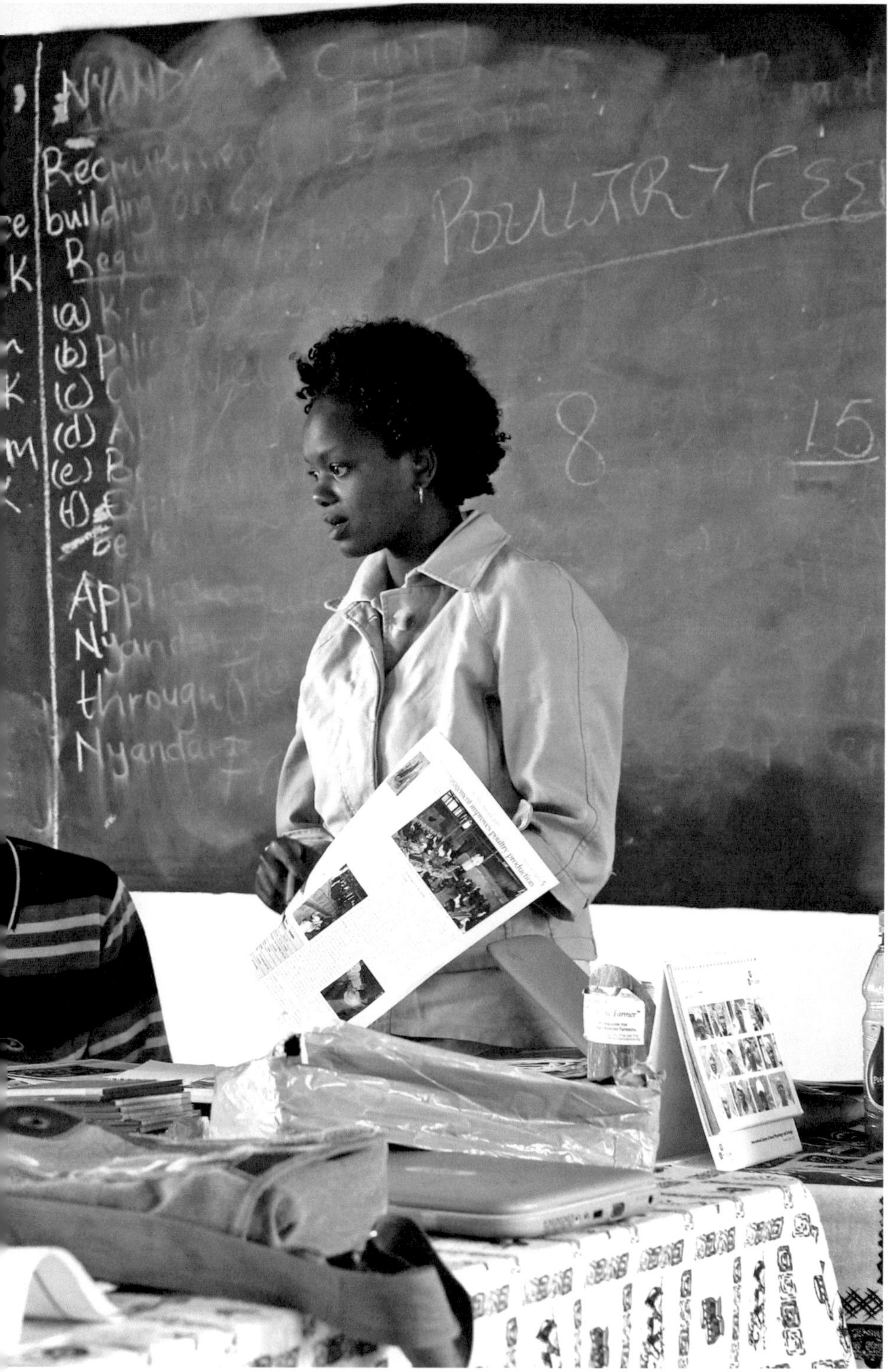
building on
through
8
15

Reis: *Produktionssprung dank* System of Rice Intensification

Reis ist das Grundnahrungsmittel von über drei Milliarden Menschen, in Asien wird bis 2050 eine weitere Milliarde hinzukommen. Mit entsprechend hohen Budgets arbeiten deshalb Wissenschaftler an neuen Sorten, die höhere Erträge versprechen.

Das klassische Patentrezept auf diesem Gebiet – mehr Output durch mehr Input – wird von einer Anbaumethode gründlich infrage gestellt, die der französische Jesuitenpater und Agronom Henri de Laulanié nach jahrelangen Beobachtungen in Feldversuchen mit Reisbauern auf Madagaskar entwickelt hat. Sein *System of Rice Intensification* (SRI) bricht mit einigen ehernen Regeln des Nassreisanbaus: Die Setzlinge werden bereits nach 8 bis 12 Tagen statt nach einem Monat ausgepflanzt und zwar einzeln in einem weiten Abstand von 25 Zentimetern statt in Büscheln. So konkurrieren sie nicht um Nährstoffe, Raum und Sonne, entwickeln kräftigere Wurzeln und mehr Triebe. Statt die Felder ständig unter Wasser zu halten und so den Unkrautwuchs einzudämmen, erhalten die Pflanzen nur die optimale Wassermenge, der Boden ist zeitweise trocken, was seine Bakterienzusammensetzung verändert und den Methanausstoß reduziert. Da Unkraut mechanisch gejätet werden muss, wird der Boden gut belüftet und das Pflanzenwachstum angeregt. Zur Düngung dient Kompost. Die Bauern in Madagaskar konnten im Schnitt ihre Erträge so von 2 auf 8 Tonnen Reis je Hektar steigern – mit einem Zehntel des Saatgutes.

Wissenschaftler um den amerikanischen Agrarwissenschaftler Norman Uphoff an der Cornell University, New York, die sich vor Ort von den Erfolgen überzeugt hatten, widmen sich seit 1997 der Verbreitung und Dokumentation der Methode. Bauern in aller Welt passten die SRI-Praktiken gemeinsam mit Bauernorganisationen an ihre Klimazonen und Bedingungen an und wurden oft mit Rekordernten belohnt. Auf SRI umzusteigen kostet Mut, gerade dort, wo die Existenz der Familie von der Ernte abhängt. Die Methode ist arbeits- und wissensintensiv und das Bewässern zum optimalen Zeitpunkt für viele Kleinbauern schwer umzusetzen. Dennoch praktizieren vier bis fünf Millionen Bauern in über 50 Ländern Asiens, Afrikas und Lateinamerikas SRI. In China und Indien werden sie dabei von den Behörden gefördert.

»SRI ist beispiellos, da wenige Innovationen bisher so unerwartete Produktivitätssprünge gezeigt haben. Ebenso überraschend ist, dass wir auf internationaler Ebene trotz wenig Unterstützung und sehr viel Widerstand vorangekommen sind«, sagt Norman Uphoff.

Widerstand kommt vor allem aus dem Reisforschungsinstitut International Rice Research Institute (IRRI) auf den Philippinen. SRI sei zu arbeitsaufwändig, die Ertragssteigerungen nicht ausreichend belegt, heißt es dort. Auch Saatgut- und Agrarchemiekonzerne sind keine Fans einer Methode, die ihnen Kunden abspenstig macht. SRI breitet sich dennoch weiter aus.[143]

ANHANG

Im Laufe meiner Arbeit als Forschungsleiter in vielen afrikanischen Ländern und schließlich als Direktor des Insektenforschungsinstitutes *icipe*[144] in Kenia ist mir klar geworden, dass zwischen den Wissenschaftlern und den Bäuerinnen und Bauern viel zu wenig Austausch stattfindet. Um die Lebensbedingungen der Landbevölkerung zu verbessern, musste einerseits ganz klar das Wissen über erfolgreiche und erschwingliche Anbaumethoden besser und verständlicher verbreitet werden. Anderseits fehlte oft der Einbezug der Bäuerinnen und Bauern, wenn es darum ging, die richtigen Forschungsfragen zu formulieren. So gründete ich 1998, zusammen mit gleichgesinnten Freunden, Biovision in der Schweiz, mit dem Ziel, Wissensaustausch und Wissensvermittlung zu stärken und generell ökologisches Denken und Handeln zu fördern.

Inzwischen haben wir mit Partnern in Afrika das Farmer Communication Programme aufgebaut, das über verschiedene Kanäle das Wissen mit Bäuerinnen und Bauern teilt. Das Magazin »The Organic Farmer« erscheint monatlich, inzwischen auf Englisch und auf Swahili, wöchentliche Radiosendungen, ein SMS-Dienst und das Infonet,[145] eine Webseite, auf der die wichtigsten Tipps und Tricks für biologische Schädlingskontrolle in Afrika aufgeschaltet und anschaulich dargestellt sind und viele weitere Informationen kostenlos zur Verfügung stehen. Dort wo kein Zugang zum Internet besteht, gibt es Apps für Mobiltelefone, und zudem verteilen wir CDs mit der Offlineversion der elektronischen Nachschlagewerke, die inzwi-

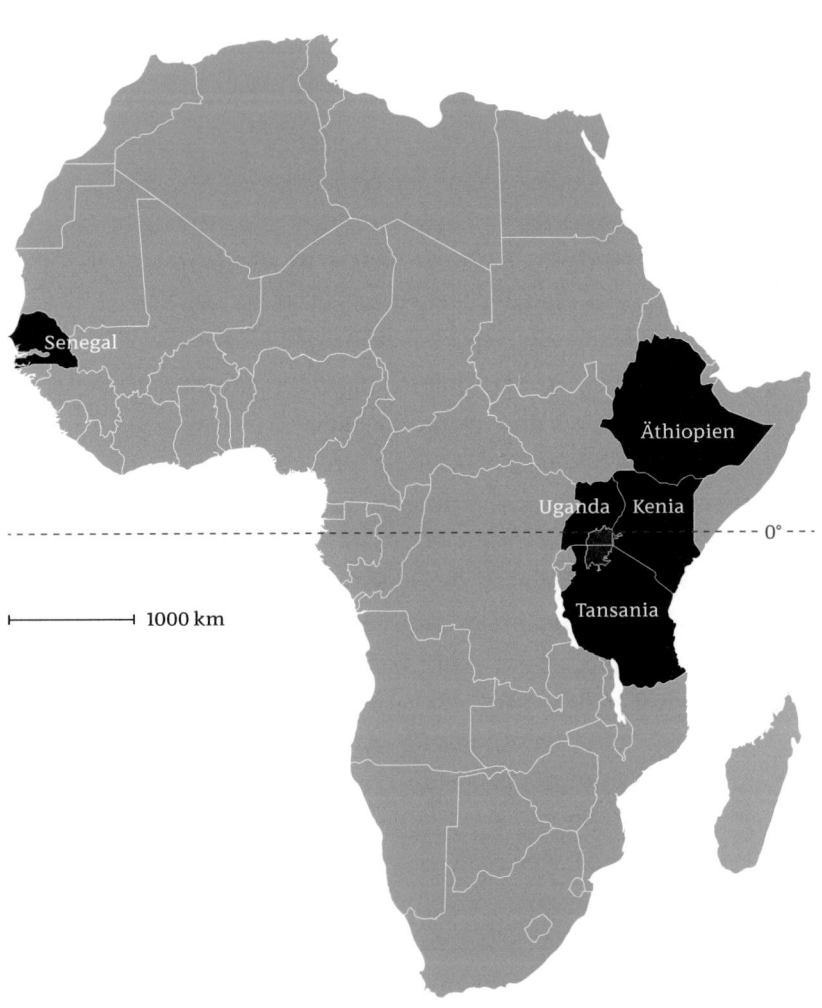

Abbildung 6 | Karte mit Gebieten in Afrika, in denen Biovision tätig ist

Senegal

Äthiopien

Uganda Kenia

Tansania

0°

1000 km

schen auf vielen Computern von Bauernberatern – u.a. sogar von staatlichen Diensten – geladen sind. Diese Informationspakete werden auch regelmäßig mit den aktualisierten Inhalten des Infonets aufdatiert. Zudem unterstützen wir verschiedene lokale Informationszentren, wo sich die Bäuerinnen und Bauern Rat holen können, sowie Bauernberater, die zu Bauerngruppen gehen und ihnen praktische Kurse geben. All diese Leistungen werden über afrikanische Partner erbracht. Dass sich die biologischen Methoden zur Kontrolle von schädlichen Insekten nicht auf die Nahrungsproduktion allein beschränken lassen, zeigen wir zum Beispiel mit unserem Engagement in der Prävention von Malaria. Die Überträgermücke kann mit natürlichen Maßnahmen von der Bevölkerung weitgehend selbst in Schach gehalten werden. Solche Projekte im Gesundheitsbereich zeigen zudem, dass die Bekämpfung von krankheitsübertragenden Insekten auch ohne gefährliche Gifte wie etwa DDT möglich ist. Mit solchen Projekten sind wir auch im internationalen Lobbying engagiert, wenn es darum geht, dass Umweltgifte durch biologische und ökologisch unbedenkliche Maßnahmen ersetzt werden müssen.

Seit 2011 sind wir auf globaler Ebene mit einem Programm unter dem Titel »Kurswechsel in der globalen Landwirtschaft« tätig. Bereits am Umweltgipfel in Rio 2012 waren wir mit einem Team von Biovision vor Ort und hatten es fertiggebracht, dass in der Schlussdeklaration u.a. explizit erwähnt wird, dass die Landwirtschaft nachhaltiger werden muss! Zudem wurde in Rio auf Druck vieler zielverwandter Organisationen die UNO-Organisation Komitee für Ernährungssicherheit (CFS) in Rom beauftragt, Länder zu beraten, die einen Kurswechsel hin zu ökologischen Anbaumethoden durchführen wollen. Biovision ist daran, diesen Prozess vorerst in zwei Pilotländern, Senegal und Kenia, zu testen und vor Ort die Leute für solche Aufgaben zu sensibilisieren, anzuleiten und wo nötig auszubilden. Diese Arbeit ist besonders wichtig, weil sie die Erfahrungen aus unseren Entwicklungsprojekten auf der Ebene von Entscheidungsträgerinnen und Entscheidungsträgern einfließen lässt. Für die komplexen Planungsinstrumente, die in diesem Kontext erforderlich sind, arbeitet Biovision mit dem Millennium Institute (MI) in Washington und Genf zusammen, das ich seit 2003 leite. Das MI hat viel Erfahrung im Bereich der Politikberatung mit systemdynamischen Computermodellen. Dieses systemische Denken und Planen wird nun auch in Bezug der Umsetzung der Nachhaltigkeitsziele der UNO, der SDGs, von zentraler Bedeutung sein. Denn nur wenn wir in Systemen denken, können wir zu nachhaltigen Lösungen für die dringendsten Probleme auf unserem Planeten gelangen.

Weil ökologisches Denken und Handeln auf allen Ebenen ansetzen muss, haben wir uns mit Biovision auf globaler Ebene im Prozess zur Entwicklung der Agenda 2030 aktiv eingebracht. Als einzige Schweizer NGO mit einem generellen konsultativen Status bei der UNO-Organisation ECOSOC (Wirtschafts- und Sozialrat der Vereinten Nationen) machten wir uns z.B. bei der Formulierung der nachhaltigen Entwicklungsziele im Bereich der Nahrungssysteme für den ökologischen Ansatz stark. So ist es bei »Ziel 2 – Kein Hunger« gelungen, dass explizit gefordert wird, dass weltweit die gesunde Nahrung gefördert wird und die Landwirtschaft nachhaltig werden soll. Das kommt unserem Wahlspruch sehr nahe, der lautet: Weiter wie bisher ist keine Option (Business as usual is not an option). Der Kurswechsel in der globalen Landwirtschaft ist dringend nötig.

Biovision, als Organisation mit Sitz und Wurzeln in der Schweiz, ist natürlich auch in der Schweiz aktiv. Mit der interaktiven Wander-Ausstellung CLEVER leisten wir seit Jahren viel Aufklärungsarbeit im Bereich nachhaltiger Konsum. Es ist wichtig und dringend nötig, die Menschen jeden Alters aufzuklären, was sie mit ihrem Konsumverhalten bewirken. Was ich als Konsumentin oder Konsument im Laden aus dem Regal nehme und was ich stehen lasse, bewirkt im Hintergrund, bei den Produzenten, sehr viel. Biokaufen bewirkt eben eine größere Nachfrage und damit auch mehr Produktion von nachhaltigen Produkten. Aber auch auf politischer Ebene wollen wir den Dialog von Wissenschaft und Politik und Zivilgesellschaft in der Schweiz fördern. Denn die Schweiz hat viel zu bieten in der Suche und Umsetzung von Lösungsansätzen für die Gestaltung einer zukunftsfähigen Welt. Unsere Aufgabe, die wir im Bereich der Umsetzung der Agenda 2030 übernehmen wollen, erstreckt sich somit global, in den Entwicklungsregionen und auch bei uns zu Hause, in der Schweiz.

Wenn wir eines Tages eine Welt mit neun Milliarden Menschen gesund ernähren wollen, dann können wir das nur mit einem agrarökologischen Ansatz, mit solidarischem verantwortungsbewussten Verhalten und mit einem Bekenntnis zur Nachhaltigkeit erreichen. Eine Welt mit genügend und gesunder Nahrung für alle, produziert von gesunden Menschen in einer gesunden Umwelt. Das ist meine Vision, dafür steht Biovision. Aber dafür braucht es uns alle. Helfen Sie mit! Danke.

Anmerkungen

1   Für diesen Einsatz erhielt Hans R. Herren 1995 den Welternährungspreis mit der Begründung, dass er 20 Millionen Menschen vor dem Hungertod bewahrt habe.

2   UNO General Assembly: Agriculture development, food security and nutrition. Report of the Secretary-General, 2015.

3   Wikipedia: Welthunger. https://de.wikipedia.org/wiki/Welthunger (abgerufen am 12.9.2016).

4   FAO: The State of Food Insecurity in the World 2015. www.fao.org/hunger/key-messages/en (abgerufen am 12.9.2016).

5   Zukunftsstiftung Landwirtschaft: Wege aus der Hungerkrise. Die Erkenntnisse und Folgen des Weltagrarberichts. Vorschläge für eine Landwirtschaft von morgen, Berlin 2013, S.1. www.weltagrar bericht.de/broschuere.html (abgerufen am 12.9.2016).

6   Ebd., S. 7.

7   UNO General Assembly: Agriculture development, food security and nutrition. Report of the Secretary-General, 2015.

8   Institution of Mechanical Engineers: Global food. Waste not, want not, 2013, S.2. www.imeche.org/policy-and-press/reports/detail/global-food-waste-not-want-not (abgerufen am 12.9.2016).

9   Verein foodwaste.ch: Foodwaste in der Schweiz. http://foodwaste.ch/was-ist-food-waste (abgerufen am 12.9.2016).

10 www.biovision.ch/de/aktuelles/details/article/mehr-einsatz-gegen-food-waste-gefordert.

>   World Resources Institute. www.wri.org/news/2016/06/release-first-ever-global-standard-measure-food-loss-and-waste-introduced-international (abgerufen am 12.9.2016).

11 Siehe Anmerkung 5, S.20.

12 The Government Office for Science: Foresight. The Future of Food and Farming. Final Project Report, London 2011, S.14.

13 Fleischkonsum 2015. 51,35 Kilogramm pro Person, 2016. www.schweizerfleisch.ch/medien/page/2016/fleischkonsum-2015-5135-kilogramm-pro-person.html (abgerufen am 12.9.2015).

14 Jeder Deutsche isst im Jahr rund 60 kg Fleisch, 2015. www.ble.de/DE/08_Service/03_Pressemitteilungen/2015/150928-Fleisch.html;jsessionid=F8C77F88D4C3ACF17166A8D27E3B3973.1_cid335 (abgerufen am 12.9.2015).

15 Bolis, Angela: Les Français ont de moins en moins d'appétit pour la viande, 2015. www.lemonde.fr/planete/article/2015/10/26/les-francais-ont-de-moins-en-moins-d-appetit-pour-la-viande_4797354_3244.html (abgerufen am 12.9.2016).

16 Müller, Alexander/Sukhdev, Pavan/Miller, Dustin/Sharma, Kavita/Hussain, Salman: TEEB for Agriculture & Food. Towards a Global Study on the Economics of Eco-Agri-Food Systems, 2015, S.4.

http://doc.teebweb.org/wp-con
tent/uploads/2013/08/Towards-TEE
BAgFood_15May2015.pdf (abgerufen am 12.9.2016).

17 Schweizer Bundesrat: Strategie
Antibiotikaresistenzen, Bern
2015, S. 11. www.bag.admin.ch/
themen/medizin/14226/index.
html?lang=de (abgerufen am
12.9.2016).

18 Siehe Anmerkung 5, S. 10.

19 Ebd., Grafik S. 4.

20 iPES Food. International Panel of
experts of sustainable food systems: From uniformity to diversity. A paradigm shift from industrial agriculture to diversified
agroecological systems. Executive
summary, 2016, S. 4.

21 Deutscher Landwirtschaftsverlag:
Wie nutzen die EU-Länder ihre
Agrarflächen? In: agrarheute.
com, 30.November 2008.
www.agrarheute.com/news/nut
zen-eu-laender-agrarflaechen
(abgerufen am 12.9.2016).

22 Siehe Anmerkung 5, S. 10.

23 UNO General Assembly: Agriculture development, food security and nutrition Report of the
Secretary-General, 2015.

24 Mo Ibrahim Foundation: Ibrahim
Forum 2011. African Agriculture.
Malnutrition. From Meeting
Needs To Creating Wealth, Tunis
2011, S. 28.

25 Food and Agriculture Organi-
zation of the United Nations
(FAO): Achieving food security in
times of crisis. World Food Day,
16.10.2009. www.fao.org/filead
min/templates/getinvolved/pdf/
WFD_2009_leaflet-en_web.pdf
(abgerufen am 12.9.2016).

26 Siehe Anmerkung 5, S. 4.

27 Bundesamt für Statistik: Haus-
haltseinkommen und -ausgaben
2013. www.bfs.admin.ch/bfs/por
tal/de/index/themen/20/02/blank/
key/einkommen0/niveau.html
(abgerufen am 12.9.2016).

28 Eurostat: Final consumption ex-
penditure of households, by consumption purpose. http://ec.euro
pa.eu/eurostat/tgm/table.do?tab=
table&init=1&plugin=1&pcode=tsd
pc520&language=en.

29 Siehe Anmerkung 5, S. 4.

30 Greenpeace: Agriculture at a
Crossroads. Food for survival,
2009, S. 10.

31 Food and Agriculture Organiza-
tion of the United Nations (FAO):
The State of Food Insecurity in the
World 2015. www.fao.org/hunger/
key-messages/en (abgerufen am
12.9.2016).

32 Neuhaus, Gabriela: Nahrung für
alle – oder wo ein Wille ist, gibt
es Wege. In: DEZA (Hrsg.): Das
DEZA-Magazin für Entwicklung
und Zusammenarbeit. Eine Welt,
H.1, März 2009, S. 7–11.

33 Weltbevölkerungszähler – Welt-
bevölkerungs-Statistik. www.um
rechnung.org/weltbevoelkerung-
aktuelle-momentane/weltbevoel
kerungs-zaehler.htm (abgerufen
am 12.9.2016).

34 High Level Expert Forum: How to
feed the world 2050. The special

challenge für sub-saharan Africa. Rom, 12./13.10.2009. www.fao.org/fileadmin/templates/wsfs/docs/Issues_papers/HLEF2050_Africa.pdf (abgerufen am 12.9.2016).

35 Harder, Werner: Die Landwirtschaft als Schlüsselsektor der Zukunft. In: Bundesamt für Umwelt (Hrsg.): Umwelt. Zukunftsfaktor Landwirtschaft, H. 2, Mai 2008, S. 10–11.

36 Worldwatch Institute: World Population, Agriculture, and Malnutrition, 2004. www.worldwatch.org/node/554 (abgerufen am 12.9.2016).

37 UNO General Assembly: Agricultural technology for development. Report of the Secretary-General, 2015.

38 Worldwatch Institute: World Population, Agriculture, and Malnutrition, 2004. www.worldwatch.org/node/554 (abgerufen am 12.9.2016).

39 Hofstetter, Pepo: Rezepte gegen den Griff aufs fremde Land. In: Alliance Sud (Hrsg.): Global. Globalisierung und Nord/Süd-Politik. Welche Rezepte gegen den Wettlauf um Land, Bern 2010.

40 Mo Ibrahim Foundation: Ibrahim Forum 2011. African Agriculture. Malnutrition. From Meeting Needs To Creating Wealth, Tunis 2011, S. 20.

41 Land Matrix. www.landmatrix.org/en (abgerufen am 12.9.2016).

42 Wikipedia: Bewässerungsfeldwirtschaft. https://de.wikipedia.org/wiki/Bew%C3%A4sserungsfeldwirtschaft (abgerufen am 12.9.2016).

43 Agriculture at a Crossroads. International Assessment of Agricultural Knowledge, Science and Technology for Development (IAASTD): Summary for Decision Makers of the Global Report, 2008, S. 5.

44 Ebd.

45 iPES Food. International Panel of experts of sustainable food systems: From uniformity to diversity. A paradigm shift from industrial agriculture to diversified agroecological systems. Executive summary, 2016, S. 4.

46 FAO: Agricultural Biodiversity, 2008. ftp://ftp.fao.org/docrep/fao/010/i0112e/i0112e00.pdf (abgerufen am 12.9.2016).

47 Bundesministerium für wirtschaftliche Zusammenarbeit und Entwicklung: Kartoffelvielfalt. Knollen für die Weltbevölkerung, 2008. http://region-hannover.bund.net/fileadmin/bundgruppen/bcmshannover/Nutzpflanzenvielfalt/Ausstellung_Nutzpflanzenvielfalt/Tafel_6_DIN_A_4_Kartoffelvielfalt.pdf (abgerufen am 12.9.2016).

48 Klaus, Gregor: Wertvolle Sortenvielfalt. Die Bedeutung der genetischen Ressourcen. In: Forum Biodiversität Schweiz (Hrsg): Hotspot. Der Wert der Biodiversität, H. 12, Bern 2005, S.18. www.naturwissenschaften.ch/uuid/6f1774c4-

9582-52bc-8d1a-c6e929c7214e (abgerufen am 12.9.2016).

49 Klaus, Gregor: Die Bewahrung des Unbekannten. In: Forum Biodiversität Schweiz (Hrsg): Hotspot. Die Erhaltung, H. 3, Bern 2001, S. 3.

50 Weltagrarbericht. Nachrichten: FAO-Bericht. Seltene Nutztierrassen vom Aussterben bedroht. www.weltagrarbericht.de/aktu elles/nachrichten/news/de/31602. html (abgerufen am 12.9.2016).

51 Scholz, M. et al.: Wilde Verwandte hilft Kulturgerste gegen Krankheit, 2011. www.naturwissenschaf ten.ch/organisations/biodiversity/ publications/informations_bio diversity_switzerland/search_de tails?id=468 (abgerufen am 12.9. 2016).

52 Häner, R./Schierscher, B./Kleijer, G./Rometsch, S./Holderegger, R.: Crop wild relatives conservation. In: Agrarforschung Schweiz 16(06), 2009, S. 204–209. www.agrarforschungschweiz.ch/ archiv_11en.php?id_artikel=1481 (abgerufen am 12.9.2016).

53 Bundesamt für Umwelt (BAFU): Bedrohung. In: Biodiversitäts-Monitoring Schweiz. www.biodi versitymonitoring.ch/de/hinter grund/biodiversitaet/bedrohung. html (abgerufen am 12.9.2016).

54 UNO General Assembly: Agriculture development, food security and nutrition. Report of the Secretary-General, 2015.

55 iPES Food. International Panel of experts of sustainable food

systems: From uniformity to diversity. A paradigm shift from industrial agriculture to diversified agroecological systems. Executive summary, 2016, S. 4.

56 UNO General Assembly: Agriculture development, food security and nutrition. Report of the Secretary-General, 2015.

57 Woodcock, Ben A./Issac, Nicholas J.B./Bullock, James M. et al.: Impacts of neonicotinoid use on long-term population changes in wild bees in England, 2015. www. nature.com/ncomms/2016/160816/ ncomms12459/full/ncomms12459. html (abgerufen am 12.9.2016).

58 Stehle, Sebastian/Schulz Ralf: Agricultural insecticides threaten surface waters at the global scale, 2015. www.pnas.org/content/112/ 18/5750.full (abgerufen am 12.9. 2016).

59 Munz, Nicole/Leu, Christian/Wittmer, Irene: Pestizidmessungen in Fließgewässern. Schweizweite Auswertung. In: Aqua&Gas, H.11, 2012, S. 32–41. (abgerufen am 12.09.2016).

60 Part 4. Business as usual is not an option. In: Greenpeace (Hrsg.): Agriculture at a Crossroads. Food for survival, Amsterdam 2009, S. 30.

61 iPES Food. International Panel of experts of sustainable food systems: From uniformity to diversity. A paradigm shift from industrial agriculture to diversified agroecological systems. Executive summary, 2016, S. 5.

62 Sustainable Pulse: German Beer Industry in Shock over Glyphosate Contamination, 2016. http://sustainablepulse.com/2016/02/25/german-beer-industry-in-shock-over-probable-carcinogen-glyphosate-contamination/#.V8lf4TUjHRu (abgerufen am 12.9.2016).

63 Infoportal Glyphosat: Trinkwasserqualität und Glyphosat, Dezember 2012. www.glyphosat.de/trinkwasserqualitaet-und-glyphosat (abgerufen am 12.9.2016).

64 www.monsanto-tribunal.org.

65 UNEP: Towards a Green Economy. Pathways to Sustainable Development and Poverty Eradication – A Synthesis for Policy Makers, 2011, S. 50. http://web.unep.org/greeneconomy/sites/unep.org.greeneconomy/files/field/image/green_economyreport_final_dec 2011.pdf (abgerufen am 12.9.2016).

66 UNO General Assembly: Agriculture development, food security and nutrition. Report of the Secretary-General, 2015.

67 UNEP: Green economy, Agriculture. Investing in natural capital, 2011, S. 40. http://web.unep.org/greeneconomy/sites/unep.org.greeneconomy/files/field/image/2.0_agriculture.pdf (abgerufen am 12.9.2016).

68 Heinrich Böll Stiftung: Less hunger through more ecology. What can organic farming research contribute, Berlin 2011, S. 3.

69 iPES Food. International Panel of experts of sustainable food systems: From uniformity to diversity. A paradigm shift from industrial agriculture to diversified agroecological systems. Executive summary, 2016, S. 3.

70 IPCC: Climate Change 2014. Synthesis Report. Summary for Policymakers, November 2014, S.9. www.ipcc.ch/pdf/assessment-report/ar5/syr/AR5_SYR_FINAL_SPM.pdf (abgerufen am 12.9.2016).

71 Ebd., Grafik S. 32.

72 Wasdell, David: Climate Dynamics. Facing the Harsh Realities of Now. Climate Sensitivity, Target Temperature & the Carbon Budget. Guidelines for Strategic Action, August 2015.

73 Wiki. Bildungsserver: Klimawandel. Klimaänderungen in Ostafrika. http://wiki.bildungsserver.de/klimawandel/index.php/Klima%C3%A4nderungen_in_Ostafrika (abgerufen am 12.9.2016).

74 Deonrarain, Bhavna: 8 Beispiele, wie sich der Klimawandel schon jetzt auf Afrika auswirkt, Dezember 2014. http://350.org/de/8-beispiele-wie-sich-der-klimawandel-schon-jetzt-auf-afrika-auswirkt (abgerufen am 12.9.2016).

75 Wiki. Bildungsserver: Klimawandel. Klimaänderungen in Afrika. http://wiki.bildungsserver.de/klimawandel/index.php/Klima%C3%A4nderungen_in_Afrika (abgerufen am 12.9.2016).

76 Deonrarain, Bhavna: 8 Beispiele, wie sich der Klimawandel schon jetzt auf Afrika auswirkt, Dezember 2014. http://350.org/de/8-beispiele-wie-sich-der-klimawandel-

schon-jetzt-auf-afrika-auswirkt (abgerufen am 12.9.2016).

77 World Bank Climate Change Strategy for Africa Calls for Adaptation. Mitigation and Additional Financing, November 2010. http://web.worldbank.org/WBSITE/EXTERNAL/COUNTRIES/AFRICAEXT/0,,contentMDK:22777785~menuPK:2246551~pagePK:2865106~piPK:2865128~theSitePK:258644,00.html (abgerufen am 12.9.2016).

78 EXILE Kulturkoordination e.V.: Klimawandel und seine Auswirkungen in Afrika. www.gesichterafrikas.de/klima/klimawandel.html (abgerufen am 12.9.2016).

79 Climate Change and Environmental Risk Atlas 2015. http://maplecroft.com/portfolio/new-analysis/2014/10/29/climate-change-and-lack-food-security-multiply-risks-conflict-and-civil-unrest-32-countries-maplecroft (abgerufen am 12.9.2016).

80 Biovision: Newsletter. Landwirtschaft in Kenia auf dem Prüfstand. Was ist besser: Bio oder Konventionell? Dezember 2015. www.biovision.ch/publikationen/newsletter (abgerufen am 12.9.2016).

81 WWF: Living Planet. Report 2010. Summary, S. 18. http://assets.panda.org/downloads/lpr_summary_booklet_final_feb_2011.pdf (abgerufen am 23.9.2016).

> Wikipedia: Ökologischer Fußabdruck. https://de.wikipedia.org/wiki/%C3%96kologischer_Fu%C3%9Fabdruck (abgerufen am 23.9.2016).

> Valda, Andreas: Konfibrot ist belastender als warm duschen. In: Der Bund, 8.9.2016. www.derbund.ch/wirtschaft/standard/Konfibrot-ist-belastender-als-warm-duschen/story/25344181 (abgerufen am 23.9.2016).

82 Siehe Anmerkung 5, S. 22.

83 UNEP: Towards a Green Economy. Pathways to Sustainable Development and Poverty Eradication – A Synthesis for Policy Makers, 2011, S. 41. http://web.unep.org/greeneconomy/sites/unep.org.greeneconomy/files/field/image/green_economyreport_final_dec2011.pdf (abgerufen am 23.9.2016).

84 Greenpeace: Agriculture at a Crossroads. Food for survival, 2009, S.19.

85 Schweizerischer Bauernverband: Der Platz der Landwirtschaft in der Wirtschaftslandschaft Schweiz. www.sbv-usp.ch/fileadmin/user_upload/bauernverband/Taetigkeit/Argumente/03_Landwirtschaft_in_der_Wirtschaft.pdf (abgerufen am 23.9.2016).

86 Mo Ibrahim Foundation: Ibrahim Forum 2011. African Agriculture. Malnutrition. From Meeting Needs To Creating Wealth, Tunis 2011, S.12.

87 UNO General Assembly: Agriculture development, food security and nutrition. Report of the Secretary-General, 2015.

88 Müller, Alexander/Sukhdev, Pavan/Miller, Dustin/Sharma, Ka-

vita/Hussain, Salman: TEEB for Agriculture & Food. Towards a Global Study on the Economics of Eco-Agri-Food Systems. 2015, S.16. http://doc.teebweb.org/wp-con tent/uploads/2013/08/Towards-TEEBAgFood_15May2015.pdf (abgerufen am 23.9.2016).

89 Vock, Christian: Was kosten Lebensmittel wirklich? Mai 2015. http://web.de/magazine/gesund heit/kosten-lebensmittel-306384 36 (abgerufen am 23.9.2016).

90 Mo Ibrahim Foundation: Ibrahim Forum 2011. African Agriculture. Malnutrition. From Meeting Needs To Creating Wealth, Tunis 2011, S.32.

91 Ebd.

> World Food Programme: Hunger weltweit – Zahlen und Fakten, 2016. http://de.wfp.org/hunger/ hunger-statistik (abgerufen am 23.9.2016).

92 Niggli, Urs/Forschungsinstitut für Biologischen Landbau (FiBL): Biolandbau, Gentechnik, Welternährung. Eine Erwiderung zum Interview mit Nina Fedoroff in der NZZ am Sonntag vom 26. Februar 2012. www.fibl.org/filead min/documents/de/news/2012/ niggli-2012-replik-fedoroff.pdf (abgerufen am 23.9.2016).

> iPES Food. International Panel of experts of sustainable food systems: From uniformity to diversity. A paradigm shift from industrial agriculture to diversified agroecological systems. Executive summary, 2016, S.10.

> Kniss, Andrew R./Savage, Steven D./Jabbour, Tanda: Commercial Crop Yields Reveal Strengths and Weaknesses for Organic Agriculture in the United States, August 2016. http://journals.plos.org/ plosone/article?id=10.1371/jour nal.pone.0161673 (abgerufen am 23.9.2016).

93 Niggli, Urs/Forschungsinstitut für Biologischen Landbau (FiBL): Biolandbau, Gentechnik, Welternährung. Eine Erwiderung zum Interview mit Nina Fedoroff in der NZZ am Sonntag vom 26. Februar 2012. www.fibl.org/filead min/documents/de/news/2012/ niggli-2012-replik-fedoroff.pdf (abgerufen am 23.9.2016).

94 Biovision: Newsletter. Landwirtschaft in Kenia auf dem Prüfstand. Was ist besser: Bio oder Konventionell? Dezember 2015. www.biovision.ch/publikatio nen/newsletter (abgerufen am 23.9.2016).

95 UNEP: Green economy, Agriculture. Investing in natural capital, 2011, S. 48, 49. http://web.unep. org/greeneconomy/sites/unep. org.greeneconomy/files/field/ image/2.0_agriculture.pdf (abgerufen am 23.9.2016).

96 Forschungsinstitut für Biologischen Landbau (FiBL)/IFOAM – Organics International: The World of Organic Agriculture. Statistics & Emerging Trends 2016. www.organic-world.net/year book/yearbook-2016.html (abgerufen am 23.9.2016).

97 UNO General Assembly: Agriculture development, food security and nutrition. Report of the Secretary-General, 2015.

98 UNEP: Green economy, Agriculture. Investing in natural capital, 2011, S. 55. http://web.unep.org/greeneconomy/sites/unep.org.greeneconomy/files/field/image/2.0_agriculture.pdf (abgerufen am 23.9.2016).

99 Ebd., S. 60.

100 Forschungsinstitut für Biologischen Landbau (FiBL): Biobauern produzieren am effizientesten und erst noch sehr naturschonend, 22.8.2000. www.fibl.org/de/medien/medienarchiv/medienarchiv00/medienmitteilung00/article/biobauern-produzieren-am-effizientesten-und-erst-noch-sehr-naturschonend.html (abgerufen am 23.9.2016).

101 The Future of Food and Farming: Final Project Report. The Government Office for Science, London 2011, S. 29.

102 Northeast Organic Farming Association/Massachusetts NOF: Soli Carbon restoration. Can Biology do the job? 2015, S. 4.

103 Ebd., S. 12.

104 Ebd., S. 9.

105 Ebd., S. 3.

106 Contribution de l'agriculture à la lutte contre le changement climatique. Lancement d'un projet de recherché international. Le »4 pour 1 000«. http://agriculture.gouv.fr/contribution-de-lagriculture-la-lutte-contre-le-chan

gement-climatique-lancement-dun-projet-de (abgerufen am 23.9.2016).

> COP21. »4 pour 1 000« – un programme de recherche international sur la séquestration du carbone dans les sols. http://agriculture.gouv.fr/cop21-4-pour-1000-un-programme-de-recherche-international-sur-la-sequestration-du-carbone-dans-les (abgerufen am 23.9.2016).

> 4 pour 1 000: Les sols pour la sécurité alimentaire et le climat 4 per 1 000. Soils for food security and climate. http://4p1000.org/comprendre (abgerufen am 23.9.2016).

107 Forschungsinstitut für Biologischen Landbau (FiBL): Globale Analyse: Biolandbau reichert Kohlenstoff im Boden an, 16.10. 2012. www.fibl.org/de/medien/medienarchiv/medienarchiv12/medienmitteilung12/article/globale-analyse-biolandbau-reichert-kohlenstoff-im-boden-an.html (abgerufen am 23.9.2016).

108 Lindenthal, Dr. T./Markut, Mag. T./Hörtenbuber, DIS./Rudolph, DIG.: Warum Bio dem Klima gut tut. In: Bio Austria, H. 2, 2010. www.fibl.org/fileadmin/documents/de/oesterreich/arbeitsschwerpunkte/Klima/klima_bio austria_1005_01.pdf (abgerufen am 23.9.2016).

109 BLW: Die Ziele der Agrarpolitik 2014–2017 können erreicht werden, 16.6.2015.

110 UNEP: Green economy, Agriculture. Investing in natural capital,

2011, S. 36. http://web.unep.org/
greeneconomy/sites/unep.org.
greeneconomy/files/field/image/
2.0_agriculture.pdf (abgerufen
am 23.9.2016).

111 Wikipedia: Fairer Handel. https://
de.wikipedia.org/wiki/Fairer_
Handel (abgerufen am 23.9.2016).

112 UNO General Assembly: Agriculture development, food security
and nutrition. Report of the
Secretary-General, 2015.

113 Gurian-Sherman, Doug: The Root
of the Rootworm Problem. What
a Tiny Beetle Can Tell Us About
Our Broken Agricultural System,
August 2016. http://civileats.com/
2016/08/25/the-root-of-the-root
worm-problem-what-a-tiny-beet
le-can-tell-us-about-our-broken-
agricultural-system (abgerufen
am 23.9.2016).

114 Siehe Anmerkung 5, S. 7.

115 Hilbeck, Angelika/Herren, Hans:
Millions Spent, No One Served.
Who Is to Blame for the Failure of
GMO Golden Rice? August 2016.
www.independentsciencenews.
org/health/millions-spent-who-
is-to-blame-failure-gmo-golden-
rice (abgerufen am 23.9.2016).

116 Vasileva, Adelina: Biofortifikation
gewinnt Welternährungspreis.
10.7.2016. www.eatglobe.de/news/
food/2144-biofortification-wins-
2016-world-food-prize.html.

117 UNEP: Green economy, Agriculture. Investing in natural capital,
2011, S. 61. http://web.unep.org/
greeneconomy/sites/unep.org.
greeneconomy/files/field/image/
2.0_agriculture.pdf (abgerufen
am 23.9.2016).

118 Ebd., S. 58.

119 Erstellt mit ECOSPEED Private.
www.ecospeed.ch (abgerufen am
23.9.2016).

120 Jungbluth, Niels/Eggenberger,
Simon/Keller, Regula: Ökoprofil
von Ernährungsstilen. ESU-services Ltd. im Auftrag von WWF
Schweiz, Zürich 2015. https://as
sets.wwf.ch/downloads/2016_03_
14_studie_oekoprofil_von_ernaeh
rungsstilen___esu_services.pdf
(abgerufen am 23.9.2016).

121 Lee, Felix: Fleischkonsum in China. Der Terminator steht auf Tofu.
In: Die Zeit, 28. Juli 2016.
www.zeit.de/wissen/umwelt/2016-
06/fleischkonsum-china-regie
rung-regulierung (abgerufen am
23.9.2016).

122 Siehe Anmerkung 5, S. 10.

123 FAO: How to feed the World in
2050. Executive Summary. Oktober 2009, S. 3. www.fao.org/filead
min/templates/wsfs/docs/expert_
paper/How_to_Feed_the_World_
in_2050.pdf (abgerufen am 23.9.
2016).

124 Mühlethaler, Beatrix: Treibstoffe
aus Biomasse. Kein Durchstart
mit neuen Treibstoffen. In: Umwelt. Naturgefahren. Prävention
zahlt sich aus, H. 2, 2007, S. 52–54.
www.bafu.admin.ch/publikatio
nen/publikation/00174/?lang=de
(abgerufen am 23.9.2016).

125 Klima ohne Grenzen: Detaillierte CO$_2$-Bilanz. http://klimaohne grenzen.de/kompensieren/detail lierte-co2-bilanz#flug-berechnen (abgerufen am 23.9.2016).

126 Zukunftsstiftung Landwirtschaft. www.weltagrarbericht.de (abgerufen am 23.9.2016).

127 iPES Food. International Panel of experts of sustainable food systems: From uniformity to diversity. A paradigm shift from industrial agriculture to diversified agroecological systems. Executive summary, 2016, S.15.

128 UNO General Assembly: Agriculture development, food security and nutrition. Report of the Secretary-General, 2015.

129 DEZA: 17 Ziele für nachhaltige Entwicklung, 2016. www.eda.ad min.ch/post2015/de/home/agenda -2030/die-17-ziele-fuer-eine-nach haltige-entwicklung.html (abgerufen am 29.9.2016).

130 Biovison: Newsletter, Juni 2014. www.biovision.ch/publikationen/ newsletter (abgerufen am 29.9. 2016).

131 Biovison: Newsletter, Oktober 2014. www.biovision.ch/filead min/pdf/d/services/downloads/ newsletter/Kampagne_Push- Pull_Okt_2014_d.pdf (abgerufen am 29.9.2016).

>   *icipe,* Push-Pull, www.push-pull. net (abgerufen am 29.9.2016).

>   UNO General Assembly, Agricultural technology for development, report of the Secretary-General, 2015.

132 Ranking: Die ärmsten und die reichsten Länder, 8.7.2003. www.spiegel.de/wirtschaft/rank ing-die-aermsten-und-die-reichs ten-laender-a-256276.html (abgerufen am 29.9.2016).

133 Siehe Anmerkung 5.

134 Ebd.

135 Biovison: Newsletter, Juni 2015 und März 2016. www.biovision. ch/publikationen/newsletter (abgerufen am 29.9.2016).

136 Biovison: Newsletter, März 2015. www.biovision.ch/publikatio- nen/newsletter (abgerufen am 29.9.2016).

137 Ebd.

138 Ebd.

139 Pulpa Pyro Peru: pflanzliche Abfälle werden zu wertvollen Ressourcen. www.oekozentrum.ch/ 291-0-Pulpa-Pyro-Peru.html (abgerufen am 29.9.2016).

140 Die Zukunft ist klimapositiv! 14.3.2016. http://charnet.ch/2016/ 03/14/die-zukunft-ist-klimapo sitiv (abgerufen am 29.9.2016).

141 www.ithaka-journal.net (abgerufen am 29.9.2016).

142 Biovision: Infonet-Biovision. www.biovision.ch/projekte/ schweiz-und-international/info net-biovision (abgerufen am 29.9.2016).

143 Siehe Anmerkung 5.

144 www.icipe.org (abgerufen am 29.9.2016).

145 www.infonet-biovision.org (abgerufen am 29.9.2016).

Bild- und Grafiknachweis

> © Peter Lüthi | Biovision: S. 71,
> 74f., 78–81, 88–91, 95–99, 102f.,
> 107–109, 112f., 125–129, 132
> © Andreas Beusch, Chur: S. 83–85
> © Hans-Peter Schmidt: S. 117–121
> © Andreas Schriber | Biovision:
> S. 124

Alle Grafiken gezeichnet von Saskia
Nobir. Quelle der Grafiken:

> *Abbildung 1* [S. 17], *6* [S. 134]:
> © Biovision
> *Abbildung 2* [S. 42]:
> © Biovision/FiBL
> *Abbildung 3* [S. 47]: Karte basie-
> rend auf Cline, 2007
> *Abbildung 4, 5* [S. 62f.]: Jungbluth
> N./Eggenberger S./Keller R.,
> Ökoprofil von Ernährungsstilen.
> 2015, ESU-services Ltd. im Auftrag
> von WWF Schweiz: Zürich.
> Retrieved from www.esu-services.
> ch/de/publications/foodcase.

Dr. Hans Rudolf Herren, 1947, gehört zu den weltweit führenden Wissenschaftlern in der biologischen Schädlingsbekämpfung. Er lebte und forschte während 26 Jahren in Afrika. Dort bekämpfte er in den 1980er-Jahren erfolgreich die Schmierläuse, die in Afrika das wichtige Grundnahrungsmittel Maniok bedrohten. Von 1994 bis 2005 leitete er das Internationale Institut für Insektenforschung *icipe* in Nairobi, Kenia.

icipe spielt eine zentrale Rolle in der Bekämpfung von Schädlingen, Parasiten und Krankheiten in Entwicklungsländern. Dr. Herren wurde für seine Forschung zum Wohl der Menschheit mit verschiedenen Preisen ausgezeichnet. 1995 erhielt er als bisher einziger Schweizer den Welternährungspreis; 2013 wurde er, zusammen mit der Stiftung Biovision, mit dem Alternativen Nobelpreis ausgezeichnet.

WEITERE BÜCHER AUS DER REIHE

rüffer & rub visionär

Joachim° Ackva

**Ein Konto für
die ganze Welt**

Broschur
ISBN 978-3-906304-04-5

Die Menschheit steht vor großen Herausforderungen. Frieden: Die Welt gibt mehr Geld für Rüstung aus als im Kalten Krieg. Wohlstand: Für viele nicht erreichbar. Naturerhalt: Seit 1970 halbierten sich die Populationen jener Tiere, die eine wichtige Grundlage des Ökosystems bilden. Die Politik ist zur Lösung der Probleme nicht fähig. Seit 2015 gibt es zwar erstmals in der Geschichte global verhandelte, konkrete Ziele, die 17 UN Global Goals. Doch das Allgemeinwohl ist nicht die Aufgabe nationaler Regierungen. Der nächste Schritt liegt bei der Zivilgesellschaft, bei jedem Einzelnen von uns.

Joachim° Ackva fordert, dass jeder Mensch auf ein Konto, welches das UN-Sekretariat verwaltet, freiwillig ein Tausendstel des Privatvermögens einzahlt. Damit könnten alle UN Global Goals entscheidend vorangebracht werden. Multinationale Umfragen weisen darauf hin, dass viele Menschen dazu bereit sind.

Ernst Bromeis

Jeder Tropfen zählt
*Schwimmen für
das Recht auf Wasser*

Broschur
ISBN 978-3-906304-06-9

Wasser ist die Grundlage des Lebens auf
der Erde – für Mensch, Tier, Natur.
Doch diese Grundlage ist weltweit immer
mehr gefährdet – durch Verschmutzung,
die globale Erwärmung oder ver-
schwenderischen Gebrauch im Haushalt.
Wasser wird deshalb immer wertvoller.
Weltkonzerne kaufen aus diesem Grund
Wasserrechte. In der Schweiz wird
darüber nachgedacht, Wasserkraftwerke
an chinesische Firmen zu verkaufen.

Das Ziel von Ernst Bromeis ist es, den
Menschen bewusst zu machen, dass
Wasser nicht unendlich vorhanden ist.
Es darf nicht sein, dass Großkonzerne
Grundwasservorkommen ausbeuten
und Menschen deshalb keinen Zugang
zu Trinkwasser haben oder kein sauberes
Wasser trinken können. Ernst Bromeis
setzt sich mit spektakulären Aktionen
dafür ein: U.a. durchschwamm er 2008
zweihundert Seen im Kanton Grau-
bünden, 2014 schwamm er 1247 Kilometer
vom Lago di Dentro bis zur Mündung
des Rheins in den Niederlanden.